Gottlob Frege – ein Genius mit Wismarer Wurzeln

Leistung – Wirkung – Tradition

Gottlob Frege – ein Genius mit Wismarer Wurzeln

Leistung – Wirkung – Tradition

Herausgegeben von Dieter Schott

LEIPZIGER UNIVERSITÄTSVERLAG 2012

Bibliografische Information der Deutschen Nationalbibliothek
Die Deutsche Nationalbibliothek verzeichnet diese Publikation in der
deutschen Nationalbibliografie; detaillierte bibliografische Daten sind
im Internet über http://dnb.d-nb.de abrufbar.

© Leipziger Universitätsverlag GmbH 2012
Umschlaggestaltung: berndtstein|grafikdesign, Radebeul
Satz: Arnold & Domnick, Leipzig

ISBN 978-3-86583-714-1

Geleitwort des Wismarer Bürgermeisters

Als nicht lange nach der politischen Wende und Wiedervereinigung Deutschlands einige während der Zeit der DDR umbenannte Straßen und Plätze Wismars ihre ursprünglichen Namen zurückerhalten sollten, gehörte auch der Gottlob-Frege-Platz, der ehemalige Turnplatz, dazu. Dieser war 1984 anlässlich der 2. Internationalen Frege-Konferenz in Schwerin nach Gottlob Frege, diesem bedeutenden, in Wismar geborenen Universalgelehrten benannt worden. Wie bei den anderen, meist in der Altstadt gelegenen Straßen auch, stand bei der geplanten Rückbenennung der Wunsch im Vordergrund, sich auf die historisch überlieferte Bezeichnung zu besinnen.

Kaum war das Vorhaben in der interessierten wissenschaftlichen Öffentlichkeit jedoch bekannt geworden, erhielt die Stadtverwaltung Briefe interessierter Wissenschaftler aus verschiedenen Ländern weltweit, beispielsweise den Vereinigten Staaten von Amerika. In diesen Briefen wurde auf die wissenschaftliche Leistung Freges und die Bedeutung seines Werkes hingewiesen und höflich, aber bestimmt, die Erwartung zum Ausdruck gebracht, jene bei den weiteren Überlegungen bezüglich der geplanten Rückbenennung des Platzes zu berücksichtigen. Dabei war es Wismar ja gar nicht darum gegangen, Frege seine Ehrung zu nehmen, denn schließlich sollte ersatzweise die Leningrader Straße im Stadtteil Kagenmarkt nach Frege benannt werden, wie es dann auch beschlossen wurde. Doch machten die Briefe die wissenschaftliche Bedeutung und internationale Reputation Freges wieder einmal bewusst, was vielleicht nicht immer der Fall gewesen war.

Das Gedenken an diesen großen Sohn der Stadt zu fördern und wach zu halten hat sich auch die Hansestadt Wismar seitdem zur ständigen Aufgabe gemacht. An mehreren Stellen in Wismar findet man heute Orte der Erinnerung an Gottlob Frege, von denen an anderer Stelle in dieser Schrift mehr zu lesen sein wird. Auch die Aktivitäten des Gottlob-Frege-Zentrums der Hochschule Wismar verdienen große Anerkennung. Dieses neue Buch über Gottlob Frege, einen „Genius mit Wismarer Wurzeln", diesen großen Sohn Wismars, wird auch dazu beitragen, die Erinnerung an ihn wach zu halten und sein Schaffen zu würdigen. Mein herzlicher Dank dafür gilt dem Herausgeber und allen Autorinnen und Autoren dieses Werkes!

Thomas Beyer
Bürgermeister der Hansestadt Wismar

Vorwort des Herausgebers

Während meines Mathematikstudiums von 1967 bis 1972 an der Universität Rostock ist der Name Gottlob Freges in den Lehrveranstaltungen nicht erwähnt worden. Im Rahmen der klassischen Mathematikausbildung spielte er praktisch keine Rolle. Erst durch mein Interesse für philosophische Fragen der Mathematik, das ich im Arbeitskreis „Philosophie – Naturwissenschaften" der Universität pflegen konnte, stieß ich auf seinen Namen in Verbindung mit seiner Wirkungsstätte, der Universität Jena. Mitte der neunziger Jahre, nach meiner Berufung an die Hochschule Wismar, wurde mir dann bewusst, dass ich fortan in der Stadt lehrte, in der Gottlob Frege geboren und aufgezogen wurde. Dort beeindruckten mich das große Engagement der damaligen Wismarer Bürgermeisterin, Frau Dr. Rosemarie Wilcken, für die Anerkennung Freges in der Stadt und die vielfältigen Aktivitäten der Organisatoren und Unterstützer der Gottlob-Frege-Wanderungen (u. a. Familie Aust und Bürgermeister Kreher aus Bad Kleinen, Senator Beyer aus Wismar – inzwischen Bürgermeister in Wismar). Dabei fand ich mehr und mehr Gefallen an der Beschäftigung mit den Werken Freges. Bald wurde mir klar, welch hartes, aber auch nahrhaftes Brot uns Frege zum Kauen vorsetzte. Durch meine mathematische Vorbildung hatte ich es noch relativ leicht, die logische Theorie, die messerscharfen philosophischen Thesen und die scharfzüngigen Auseinandersetzungen mit anderen Auffassungen zu verdauen. Trotzdem brachten mich einige Brocken seines Werkes ganz schön ins Schwitzen. Wie sollte man aber den Leuten in der Region und den interessierten Besuchern dieses Brot schmackhaft machen? Keine leichte Aufgabe. Die meisten sehen noch ein, dass es Leute wie Frege geben muss, um die Straßen der Wissenschaft zu ebnen und zu sichern. Denn ohne Wissenschaft sind auch die praktischen Probleme nicht mehr zu lösen. Aber selbst wollen sie damit meist wenig zu tun haben. Steht doch schon die übliche Mathematik in dem Ruf, sehr schwierig und anstrengend zu sein.

Wir, die Autoren, wollen trotzdem mit diesem Buch einen weiteren Versuch starten, in der Öffentlichkeit etwas mehr Vertrautheit mit dem Menschen Frege und seinen wissenschaftlichen Leistungen herzustellen. Das bunte Bild verschiedenartiger Beiträge bietet sicher jedem Leser Material, um mit Appetit das ihm zugängliche Umfeld mehr oder weniger abzugrasen. Schon wenn wir erreichen, dass der Name Freges im Bewusstsein vieler Menschen fest verankert ist, haben wir einen kleinen Sieg errungen. Darüber hinaus wird das Buch hoffentlich auch Frege-Kennern noch die eine oder andere Nuance bieten, ihr Frege-Bild zu ergänzen.

Nach einer kurzen Einführung in den Abschnitten 1 und 2 befassen sich die Abschnitte 3–5 des Buches mit den wissenschaftlichen Leistungen Freges und ihrer Wirkung in der heutigen Zeit aus Sicht der Mathematik, der Logik und der Philosophie. Dabei wurde eine kurze und populäre Darstellung angestrebt, um einen größeren Leserkreis zu informieren.

Der Abschnitt 6 widmet sich den Familien Frege aus Wismar und ihrem Wirken. Er beleuchtet auch die Leistungen und Auffassungen von Gottlob Frege im historischen Umfeld.

Der Abschnitt 7 ist insbesondere für die Besucher von Wismar interessant. Dort wird auf die Orte eingegangen, die heute noch an Frege erinnern. Im Abschnitt 8 erfährt man etwas zur Tradition der Gottlob-Frege-Wanderungen. Abschnitt 9 thematisiert die Frege-Konferenzen und das Wirken des Gottlob-Frege-Zentrums an der Hochschule Wismar. In Abschnitt 10 findet man weitere Informationen zum Leben von Gottlob Frege in Jena sowie zu seinem Wirken an der dortigen Universität. Danach folgt noch ein Orientierungsplan von Wismar mit Markierung der Gedächtnisstellen und weiteres Bildmaterial.

Die einzelnen Abschnitte des Buches sind in sich geschlossen. Im Verlaufe des Buches tritt die eine oder andere Wiederholung auf. Durch die verschiedenen Blickwinkel der Autoren wird das Gesamtbild dadurch noch facettenreicher. Eine Klammer für das Buch sind die Kurzbiographie und die drei zentralen Verzeichnisse am Ende. Die Stichwörter des Glossars erinnern an wichtige Begriffe und erklären diese kurz und bündig. Es folgen zusätzliche Informationen zu Personen, die im Buch genannt werden. Das Literaturverzeichnis gibt die Möglichkeit, Werke von oder über Frege im Original oder in Nachdrucken zu lesen.

Vieles, was über Frege gesagt werden müsste oder könnte, ist im Buch nicht enthalten. Dafür bitten wir den geneigten Leser um Verständnis. Kollegen Kienzle aus Rostock danke ich für die vielen wertvollen Hinweise zu einigen Beiträgen dieses Buches und allen Mitautoren für ihren Anteil am Gesamtwerk.

Dieter Schott
Wismar, Februar 2012

Inhaltsverzeichnis

1. Was sagt uns Frege heute?

Nicole Hollatz

Gottlob Frege wird heute in einem Atemzug mit Aristoteles genannt, dem Begründer der formalen Logik als Wissenschaft. Gottlob Frege soll der bedeutendste Logiker *nach* Aristoteles sein? Das ist eine große Behauptung. Frege würde sich fragen, ist sie denn auch wahr?

„Wie das Wort ‚schön‘ der Ästhetik und ‚gut‘ der Ethik, so weist ‚wahr‘ der Logik die Richtung. Zwar haben alle Wissenschaften Wahrheit zum Ziel; aber die Logik beschäftigt sich noch in ganz anderer Weise mit ihr. Sie verhält sich zur Wahrheit etwa so, wie die Physik zur Schwere oder zur Wärme. Wahrheiten zu entdecken ist die Aufgabe aller Wissenschaften; der Logik kommt es zu, die Gesetze des Wahrseins zu erkennen." [FregeG: erster Satz]

Das muss man zweimal lesen, um Frege zu verstehen. Ein Wissenschaftler auf der Suche nach der Wahrheit in der Wissenschaft. Frege wollte die „Gesetze des Wahrseins" definieren. Wie sah die mathematische Welt denn vor Frege aus? War sie „unwahr"? Wohl eher nicht, aber durch sprachliche oder begriffliche Schwachstellen war die Wahrheit für viele Sachverhalte nicht eindeutig beweisbar. Etliches war missverständlich, vor Frege. Wir Journalisten kennen das Problem, ein Satz kann so oder so gelesen werden, je nach Interpretation und Standpunkt. Für Autoren ist das ärgerlich, für die Wissenschaft eine Katastrophe. Frege formulierte es so:

„Der Grund, weshalb die Wortsprachen zu diesem Zwecke wenig geeignet sind, liegt nicht nur in der vorkommenden Vieldeutigkeit der Ausdrücke, sondern vor allem in dem Mangel fester Formen für das Schließen. Wörter wie ‚also, folglich, weil' deuten zwar darauf hin, dass geschlossen wird, sagen aber nichts über das Gesetz, nach dem geschlossen wird, und können ohne Sprachfehler auch gebraucht werden, wo gar kein logisch gerechtfertigter Schluss vorliegt." [Kutschera89: S. 20].

Recht hat er – die Sprache ist viel zu schwammig, um damit einen Sachverhalt eindeutig zu formulieren.

Das hat Frege geändert und damit die moderne Logik begründet. Wer nun erwartet, dass Frege dafür von seinen Wissenschaftskollegen in den Himmel gelobt wurde, irrt. Die Verlage haben den Druck seiner Bücher abgelehnt. Er musste ihn selbst finanzieren. Er wurde als „erfolgloser, unbedeutender Hochschullehrer" [Kutschera89: S. 1] angesehen. Selbst eine Ehrung Freges zum 60. Geburtstag wurde abgelehnt, „da seine Lehrtätigkeit von untergeordneter Bedeutung und ohne Vorteil für die Universität sei" [Kutschera89: S. 1]. Er lehrte 44 Jahre lang in Jena bis zu seiner Emeritierung 1918. Zu seiner Zeit war Frege – man verzeihe mir – für die Allermeisten ein Niemand. Seine Gedanken waren für viele seiner Kollegen im 19. und 20. Jahrhundert zu komplex bzw. zu weit weg von ihren Interessen.

Aber: ohne seine Vorarbeit wäre die moderne Informatik kaum denkbar. Dabei kannte er diese Wissenschaft natürlich noch gar nicht, der erste Computer wurde 1941 von Konrad Zuse gebaut – 16 Jahre nach Freges Tod in Bad Kleinen bei Wismar. Was wäre also, wenn Freges wissenschaftliche Arbeit immer noch verkannt werden würde? Ich würde dieses Vorwort auf einer lauten Schreibmaschine schreiben statt am Laptop. Die Menschen könnten keine E-Mails verschicken. Wir würden immer noch mit dem analogen Film fotografieren. Unglaublich, was alles auf das „Konto" von Frege geht.

Heute wissen wir, Frege ist ein Pionier der modernen Logik. Er ist einer der größten Söhne des Landes, ja der ganzen Welt und wohl der größte Sohn Wismars [Hollatz06].

„Ich, Friedrich Ludwig Gottlob Frege, wurde am 8. Nov. 1848 zu Wismar geboren. Mein Vater, Alexander, welcher dort Vorsteher einer höheren Töchterschule war, wurde mir im Jahre 1866 durch den Tod entrissen. Meine Mutter, Auguste, geb. Bialloblotzki, ist noch am Leben. Ich wurde im lutherischen Glauben erzogen. Nachdem ich fünfzehn Jahre das Gymnasium meiner Vaterstadt besucht hatte, ward ich um Ostern 1869 mit dem Zeugnisse der Reife entlassen …", so beschrieb er selbst seine ersten Jahre [Künne10: S. 24].

Sein Elternhaus stand bis zu dessen Zerstörung im zweiten Weltkrieg in der Böttcherstraße 2. Freges Eltern, Carl Alexander und Auguste, leiteten eine private Mädchenschule in der Stadt. Die erste schulische Ausbildung genoss Frege bei seiner Mutter, 1869 legte er an der Großen Stadtschule die Reifeprüfung ab. Im selben Jahr noch begann er mit seinem Studium in Jena, wechselte nach Göttingen, hatte mit jungen 25 Jahren seinen Doktor in der Tasche und wurde schließlich in Jena Privatdozent und 1896 Professor für Mathematik. Für uns heute schwer nachvollziehbar: Die Strecke zwischen dem heimatlichen Wismar und Jena legte er regelmäßig wandernd zurück.

Seine Werke – „Begriffsschrift" von 1879, „Sinn und Bedeutung" (1892) und „Grundgesetze der Arithmetik I" (1893) sind heute noch genauso aktuell wie vor mehr als 100 Jahren. Sie wurden in alle Weltsprachen übersetzt – auf Russisch ähnlich schwer verständlich wie auf Deutsch. Das britische Lexikon „Encyclopaedia Britannica" räumt dem deutschen Wissenschaftler eine ganze Seite ein – immer noch! [EB98]

Gestorben ist Friedrich Ludwig Gottlob Frege 1925 in Bad Kleinen, dort steht in der Waldstraße 17 sein letztes Wohnhaus. Bereits 1918 zog er in die Kleinstadt, um dort seinen Lebensabend zu verbringen. Sein Grab befindet sich auf dem Wismarer Ostfriedhof. Dort, wo bis zum zweiten Weltkrieg noch sein Geburtshaus stand, ist am Ersatzbau mittlerweile eine Gedenktafel angebracht. Mit Hochachtung verneigen wir uns heute vor seiner beispiellosen Leistung!

2. Freges Leistungen und Wirkungen im Überblick

Dieter Schott

Gottlob Frege ist ein genialer Denker der Weltgeschichte. Er ist

1. ein großer *Logiker*, der Begründer der modernen mathematischen Logik, für nicht wenige sogar der größte Logiker seit Aristoteles,
2. ein großer *Mathematiker*, der Mathematik Zeit seines Lebens als Professor lehrte und wesentliche Teile der Mathematik logisch zu begründen versuchte,
3. ein großer *Philosoph*, der insbesondere die Sprache logisch analysierte und damit als Wegbereiter der analytischen Philosophie gilt,
4. eine facettenreiche *Persönlichkeit*, die in besonderer Weise im Spannungsfeld von Interessengegensätzen an der Universität, von philosophischen Dogmen und wissenschaftlichen Disputen, von familiären Problemen und dramatischen historischen Entwicklungen stand.

Gottlob Frege wurde 1848 in Wismar geboren, besuchte dort die Schule und ging nach dem Abitur nach Jena, um Mathematik zu studieren. Zielstrebig promovierte er und habilitierte sich, jeweils auf dem Gebiet der Mathematik. Von 1879 bis zum Ende seines Berufslebens war er Professor für Mathematik in Jena.

Schon zu Anfang seiner wissenschaftlichen Studien stieß Frege auf die Frage, die ihn sein ganzes Leben beschäftigen sollte:

- *Was sind eigentlich* (natürliche) *Zahlen?* Aus welchen Quellen haben wir von ihnen Kenntnis? Mit welcher Berechtigung rechnen wir mit ihnen, wie wir es gewöhnt sind?

Im Gegensatz zu vielen seiner Kollegen war Frege der Meinung, dass in der Mathematik seiner Zeit viele Unklarheiten steckten. So fragte er sich:

• *Wie sicher ist eigentlich die Mathematik?* Kann man die Wahrheit ihrer Aussagen logisch beweisen? Wie erreicht man eine makellose Strenge der Beweisführung?

Da die Logik seiner Zeit im Wesentlichen noch auf der Syllogistik des Aristoteles beruhte, musste er zur Realisierung seiner Vorstellungen zunächst eine Herkulesaufgabe bewältigen, nämlich eine geeignete Logik entwickeln. Er schuf mit seiner 1879 erschienenen *Begriffsschrift* eine

• komplette formalisierte und axiomatisierte Prädikatenlogik,

in der sich aus wenigen Grundwahrheiten (Axiomen) mit Hilfe zweifelsfreier logischer Schlüsse ergeben sollte, welche arithmetischen Aussagen wahr und welche falsch sind. Ähnlich wie bei den Rechenverfahren der Mathematik konnte man so Schlussfolgerungen (logisch wahre Aussagen) einfach durch formale Umformungen gewinnen.

Fast alle weiteren Leistungen Freges hängen eng mit dieser Begriffsschrift zusammen. Dabei hat Frege die Logik wieder für die Philosophie und andere Wissenschaften fruchtbar gemacht. Zu seiner Zeit nahmen aber nur wenige Mathematiker und Philosophen Kenntnis von dieser überragenden „Schöpfung".

Frege verfolgte mit seiner neuen Logik das Ziel, die Zahlen als logische Gegenstände zu etablieren und so einen wesentlichen Zweig der Mathematik, die Arithmetik, auf die Logik zurückzuführen. Damit wäre die Arithmetik genauso sicher wie die Logik selbst. Die Durchführung dieses Programms ist in seinen Werken „Grundlagen der Arithmetik" (1884) und „Grundgesetze der Arithmetik" (Band 1: 1893, Band 2: 1903) enthalten. Durch die Einführung von Klassen (bzw. Wertverläufen logischer Begriffe) als Gegenstände schuf Frege in seiner Logik auch ein Pendant zu Cantors Mengenlehre, auf der heute wesentliche Teile der modernen Mathematik beruhen. Natürliche Zahlen waren dabei Klassen von gleichzahligen Klassen. Damit ließe sich eigentlich

Abbildung 1: Der Minimalist Gottlob Frege, mit wenigen Strichen gezeichnet.

sein Programm weit über die Arithmetik hinaus fortsetzen. Ein Axiom dieser Klassenlogik allerdings führte zu Widersprüchen, wie Bertrand Russell 1902 Frege in einem Brief persönlich mitteilte (Russellsche Antinomie). Frege hat diese Tatsache tief erschüttert, weil er nun sein Lebenswerk als gescheitert ansah. Russell hat zusammen mit Whitehead in dem fundamentalen Werk „Principia Mathematica" Freges logischen Begründungsansatz der Mathematik mengentheoretisch (in Form einer Typentheorie) fortgesetzt, allerdings unter recht einschränkenden Bedingungen. Heute sieht man das Problem ziemlich gelassen, weil die bekannten Teile der Mathematik in einer geeignet axiomatisierten Mengentheorie davon unberührt geblieben sind.

Im Rahmen seiner Untersuchungen betrieb Frege eine fruchtbringende logische Analyse der natürlichen Sprache. In ihr wird z. B. die logische Beziehung zwischen dem *Inhalt* eines Satzes und dem *Urteil* darüber nicht eindeutig klar. Durch Fällen von Urteilen wird nach Frege der Inhalt eines Satzes als wahr oder falsch anerkannt. In der natürlichen Sprache entspricht der *Behauptung* kein eindeutiges Ausdrucksmittel. So haben bestimmte Sätze nicht nur einen Wahrheitswert, sondern sie drücken auch eine Behauptung aus. Daher führte Frege den *Urteilsstrich* und das *Behauptungszeichen* in seine *Begriffsschrift* ein.
   Frege fasste *Begriffe* als *Funktionen* auf und stellte ihre Ungesättigtheit heraus. Dabei unterschied er streng zwischen Begriffen und Gegenständen. Er analysierte wichtige Begriffe und führte verschiedene Stufungen ein (Begriffe erster, zweiter Ordnung usw.).
   Frege unterschied außerdem zwischen *Sinn* und *Bedeutung* von Sätzen. Der Sinn eines Satzes war für ihn der darin ausgedrückte *Gedanke*, die Bedeutung sein *Wahrheitswert*. Er analysierte dabei auch die logische Struktur von komplizierter aufgebauten *Gedankengefügen*. Aus einem nachgelassenen Fragment geht hervor, dass Frege die Notwendigkeit verschiedener Sprachebenen erkannte (Objekt- und Metasprache).

Frege suchte nach inhaltlicher Rechtfertigung formalisierter Darstellungen (Definitionstheorie) und griff die Formalisten um Hilbert scharf an. Frege setzte sich im Rahmen seiner logischen Untersuchungen mit grundlegenden philosophischen Fragen, erkenntnistheoretischen Aspekten und herrschenden philosophischen Strömungen kritisch auseinander. Dabei fand er für sein Programm wichtige Antworten.

Obwohl sich die zugleich horizontal und vertikal orientierte Schreibweise der Begriffsschrift nicht durchgesetzt hat, ist Freges Logik heute die Grundlage für die klassische Mathematik, unsere Computertechnik und die Methoden der künstlichen Intelligenz. Daher haben seine Leistungen auch eine überragende praktische Bedeutung.

Russell war es, der den jungen Ludwig Wittgenstein auf Freges Werke hinwies. Danach war Wittgenstein mehrfach bei Frege zu Besuch. Wittgensteins erstes Hauptwerk, der 1918 vollendete „Tractatus logico-philosophicus" nimmt Bezug auf Freges Ideen zur Bedeutung der Sprache.

Später war es vor allem der Ende 2011 verstorbene Oxforder Professor Michael Dummett, der durch sein monumentales Buch „Frege: Philosophy of Language" aus dem Jahre 1973 die Weltöffentlichkeit auf Freges Werk aufmerksam machte. Seitdem gilt Frege als *Wegbereiter der analytischen Philosophie*, die sich besonders im englischen Sprachraum ausbreitete. Auch heute noch werden Freges Ideen und Konzepte im Gewande neuerer Erkenntnisse und philosophischer Strömungen heiß diskutiert. Dabei ist es nicht verwunderlich, dass selbst dem Perfektionisten Frege hin und wieder Ungereimtheiten unterliefen.

Frege kehrte in seinen späten Jahren in die Umgebung seiner alten Heimat zurück. Nicht nur das Scheitern seines wissenschaftlichen Programms und die Missachtung seiner wissenschaftlichen Leistungen in der Öffentlichkeit, sondern auch Kriegsfolgen und revolutionäre Umbrüche setzten ihm persönlich schwer zu. In einem Tagebuch äußerte er nicht für die Öffentlichkeit bestimmte, vorläufige Gedanken zum politischen Tagesgeschehen. Dieses Tagebuch wurde später jedoch herausgegeben und kommentiert. Wie nicht wenige Professoren seiner Zeit erwies sich Frege dabei als Monarchist, als Anhänger einer festen Ordnung und als Gegner der Sozialdemokratie. Besonders problematisch aus heutiger Sicht ist seine antisemitische Einstellung. Doch das stellt seine überragenden wissenschaftlichen Leistungen nicht in Frage.

3. Gottlob Frege als kritischer Mathematiker

Dieter Schott

Einführung

Die Mathematik ist die älteste Wissenschaft überhaupt. Durch solche Attribute wie ‚exakt‘, ‚absolut und ewig wahr‘, sowie ‚logisch folgerichtig und widerspruchsfrei‘ ist sie schon immer ein Vorbild für andere Wissenschaften gewesen, zunächst für die Physik und die übrigen Naturwissenschaften, später auch für die Wirtschafts- und Geisteswissenschaften. Der Reifegrad einer Wissenschaft lässt sich daran ablesen, wie viel Mathematik in ihr (sinnvoll) verwendet wird.

Heute ist die Mathematik mehr oder weniger in allen Wissenschaften präsent. Sie fungiert als universelle Sprache der Wissenschaften. Den Einzug mathematischer Theorien und Methoden in andere Wissenschaften nennt man *Mathematisierung*. Dieser Prozess ist überall auf dem Vormarsch und längst nicht abgeschlossen. Natürlich gibt es auch Übertreibungen, die mit einem sinnvollen Einsatz der Mathematik nichts zu tun haben.

Die Mathematik ist der Schlüssel für Innovation und gesellschaftlichen Fortschritt. Ihre Rolle bei der Ausbildung entscheidet über unsere Zukunftsfähigkeit. In der Öffentlichkeit kokettieren Prominente trotzdem mit ihrer Unfähigkeit und Abstinenz bezüglich der Mathematik. Der Zeitgeist passt nicht so recht zu den gesellschaftlichen Erfordernissen. Dabei werden wir heute mit Zahlen überhäuft, ohne dass viele die richtigen Schlüsse daraus ziehen können. Mit attraktiven Veranstaltungen versuchen Mathematikenthusiasten die Öffentlichkeit für die Mathematik zu gewinnen (siehe z. B. [MDMV08]). Trotz beachtlicher Erfolge hat sich der allgemeine Trend noch nicht entscheidend geändert. Die Würdigung der Verdienste von Frege in der Mathematik und bei ihrer Begründung soll auch einen Beitrag zu einem positiven Bild der Mathematik in der Gesellschaft leisten.

Freges Beiträge zur Mathematik

Gottlob Frege war ein bedeutender Wissenschaftler, der als Mathematiker auch andere Gebiete wie die Logik, die Philosophie [Kienzle06] und die Informatik [Lämmel04] befruchtete (siehe auch [Kutschera89], [Mayer96], [Kreiser01], [Stepanians01]). Während seiner Schulzeit in Wismar zeigte der oft kränkelnde Frege gute, aber keine außergewöhnlichen Leistungen. Nach dem Abitur begann Frege in Jena an der Thüringischen Landesuniversität Mathematik zu studieren. Die beschauliche Stadt kam in ihrem Lebensrhythmus seiner Heimatstadt nahe und war ihm durch Bekannte empfohlen worden. Die Universität zeichnete sich durch eine enge Verflechtung von Mathematik, Physik und Philosophie aus [Schlote11]. Schnell fielen dort seine Fähigkeiten zu tiefgründigem und klarem Denken auf. Da er für eine Universitätslaufbahn geeignet schien, setzte er auf Anraten seiner Lehrer das Studium in Göttingen fort, das international einen ausgezeichneten Ruf besaß. Hier hatten schon solche berühmten Mathematiker wie Gauß und Riemann gelehrt. Frege promovierte dann in Göttingen 1873 zur Theorie komplexer Funktionen mit dem Thema *„Über eine geometrische Darstellung der imaginären Gebilde in der Ebene"* (Doktorarbeit). Bei komplexen Funktionen $y = f(x)$ sind sowohl die Argumente x als auch die Werte y komplexe Zahlen (Zahlen der Form $a+b$i mit reellen Bestandteilen a, b und der imaginären Einheit i, deren Quadrat -1 ergibt). Die Promotion behandelte vor allem die geometrische Darstellung solcher Funktionen und die Übertragung von Begriffen aus der Theorie reeller Funktionen, bei denen die Argumente x und die Werte y reelle Zahlen sind.

Kurz darauf reichte Frege die Arbeit *„Rechnungsmethoden, die sich auf eine Erweiterung des Größenbegriffs gründen"* in Jena ein, mit der er sich 1874 bei seinem Mentor, dem bekannten Physiker Ernst Abbe, habilitierte (Voraussetzung für die Besetzung einer Professur). Dabei ging es um eine Erweiterung des Größenbegriffs von Zahlen auf beliebige Gegenstände (z. B. Funktionen). Hier findet man schon Ansätze für die späteren Prädikate (Prädikatfunktionen) in Freges neuer Logik

[FregeGLA], [FregeGGA]. Darüber hinaus wurden Funktionen mit Hilfe von Iterationen (wiederholten Anwendungen der Funktionen auf das Argument) untersucht [Kreiser01: S. 86–130].

Frege trug in diesem Zusammenhang auch zur Iterationstheorie und zur Theorie halbgeordneter Gruppen (abstrakte Algebra) bei. Insofern arbeitete er zumindest bis zu seiner Habilitation auf mathematischem Gebiet. Danach beschäftigte sich Frege in der Forschung aber fast ausschließlich mit den *Grundlagen* der Mathematik.

Frege als Hochschullehrer

Schon Freges verehrter Lehrer Professor Abbe stand in dem Ruf, bei seinen Vorlesungen zur Mathematik und Physik vor allem auf Exaktheit der Darstellung Wert zu legen, was dem allgemeinen Verständnis der Zuhörer eher abträglich war. Frege übernahm diesen Stil offensichtlich später, entsprach er doch seinem Charakter und seinen Grundansichten. Daher ist es nicht verwunderlich, dass seine Lehrveranstaltungen nur von wenigen Studenten besucht wurden, die sich den Stoff dann mühsam erarbeiten mussten. Das Fächerspektrum war, wie damals üblich, sehr breit angelegt. So unterrichtete Frege solche klassischen Gebiete wie

- Analytische Geometrie,
- Funktionentheorie (Analysis),
- Analytische Mechanik (Mathematische Physik),
- Bestimmte Integrale und Fourier-Reihen (Analysis),
- Differential- und Integralrechnung (Analysis),
- Differentialgleichungen (Analysis),
- Höhere Algebra.

Später kamen auch Vorlesungen zur Logik (Begriffsschrift) und zu den Grundlagen der Arithmetik hinzu, die seinem Forschungsgebiet entsprachen [Kreiser01: S. 276 f.].

Frege, die Exaktheit und die Philosophie der Mathematik

Schon zu Freges Zeiten erwartete man von der Mathematik logische Transparenz und Klarheit. Frege zitierte einen seiner Jenaer Lehrer, den Mathematiker und Philosophen Karl Snell:

„In der Mathematik muss alles so klar sein wie $2 \times 2 = 4$. Sobald da etwas Geheimnisvolles erscheint, ist das ein Zeichen, dass nicht alles in Ordnung ist." [FregeNS: S. 300]

Frege war ein scharfsinniger Denker, der an vielen Stellen die nötige Klarheit vermisste. Schon früh stieß er sich an ungenauen Bezeichnungen, Definitionen und Ausdrucksweisen von Mathematikern und in der Mathematikliteratur. Sie dienten seiner Meinung nach eher dazu, die Leser zu verwirren als ihr Verständnis zu fördern. Die (auch heute noch anzutreffende) Schreibweise

$$y = f(x)$$

(in Worten: y ist eine *Funktion* von x) lässt z. B. offen, ob es sich hier um die Funktion f (bzw. um die Beziehung zwischen den Variablen x und y) oder um ihre Funktionswerte y (bzw. um die von x abhängige Variable y) handeln soll. Das wird erst aus dem Zusammenhang klar. Deshalb schlug Frege eine andere Schreibweise vor [FregeFuB], die später noch erläutert wird. Außerdem gibt es Fälle, in denen das Zeichen x im gleichen Ausdruck in verschiedenen Bedeutungen vorkommt, etwa als Operationssymbol (Ableitung nach x) und als Argumentsymbol (Stelle x) einer Funktion f:

$$y = f'(x) = \frac{d}{dx} f(x).$$

Wird der Wert der Ableitungsfunktion an der Stelle $x=1$ gesucht, so darf man x nur in der Klammer durch 1 ersetzen (siehe auch [FregeWiF]). Das kann zu Missverständnissen führen. Frege strebte nach *Präzision* und *Perfektion*. Nur so war für ihn widerspruchsfreie Wissenschaft möglich.

Frege erkannte, dass insbesondere die natürliche Sprache sehr anfällig gegenüber Missdeutungen und fehlerhaften Schlüssen ist. Die

Benutzung umgangssprachlich formulierter logischer Argumente bei mathematischen Beweisen ist jedenfalls problematisch, weil dann immer Zweifel an der Korrektheit bleiben. Für diese allgemeinen Fragen hat sich Frege sehr interessiert, weil seiner Meinung nach dort viele Antworten mehr als unbefriedigend waren. Sein Unbehagen war so groß, dass er sich die Grundlegung zentraler Gebiete der Mathematik zur Lebensaufgabe machte.

Frege setzte sich schon früh mit der Philosophie von Kant auseinander. Welche Stellung haben z. B. einfache Zahlengleichungen im Erkenntnisprozess? Für Kant waren Gleichungen wie ‚2+2 = 4' *synthetische Urteile a priori*. Sie hingen nicht von der Erfahrung ab und sie erweiterten das vorhandene Wissen, während *analytische* (logisch beweisbare) *Urteile a priori* das vorhandene Wissen nur erläuterten und insofern trivial (inhaltsleer) waren. Im Gegensatz dazu hielt Frege diese Gleichungen einerseits für logisch beweisbar (analytisch), aber deswegen noch lange nicht für trivial [Mayer96: S. 80 f.].

Frege stellte weitere Fragen. Was sind überhaupt (natürliche) *Zahlen*? Sind sie undefinierbar oder lassen sie sich selbst wieder auf andere Größen bzw. Zeichen reduzieren? Gilt überhaupt ‚2+2 = 4' und warum? Welche *Existenzkriterien* sollte man allgemein für mathematische Objekte fordern? Reicht vielleicht logische Widerspruchsfreiheit oder braucht man zur Absicherung inhaltliche Bestimmtheit? Was ist Mathematik? Wie *sicher* ist sie? Was kann die Logik für die Mathematik und andere Bereiche leisten?

Die Aussagen zur Wirklichkeit und zur Mathematik (wie z. B. Sätze über Zahlen) sind für Frege nicht nur im Einzelbewusstsein vorhanden, sondern auch in einem transsubjektiven *Reich der Gedanken*, welche entweder *wahr* oder *falsch* sind [FregeG: P. 69]. Das wird oft als (*mathematischer*) *Platonismus* interpretiert, obwohl dieser sich nicht auf Aussagen, sondern auf Objekte bezieht, die in einem Ideenreich existieren. Frege grenzte sich von psychologistischen und empiristischen Standpunkten ab, nach denen mathematische Objekte nur Vorstellungen sind bzw. direkt in der Natur vorkommen. Entschieden kämpfte er aber auch gegen die Auffassung, dass mathematische Objekte nur Figuren in einem Spiel sind, das von formalisierten Axiomen und Schlussregeln bestimmt wird (*Formalismus, Positivismus*). Zahlen waren seiner Meinung nach Gegenstände, die *inhaltlich* definiert werden müssen (Ontologie).

Frege und die Wurzeln der Mathematik

Eine Wurzel der Mathematik ist die *Geometrie*, die sich mit Raumformen beschäftigt. Sie wurde schon früh durch Euklid (etwa 300 v. u. Z.) axiomatisiert. Viel später, zu Zeiten von Gauß, kamen die ersten Nichteuklidischen Geometrien auf (Lobatschewski 1829/30). Eine moderne Axiomatisierung der Euklidischen Geometrie stammt von dem großen Mathematiker Hilbert (1899).

Die andere Wurzel der Mathematik ist die *Arithmetik*, die Zahlen zum Gegenstand hat. Plato betrachtete die Zahlen in Anlehnung an die Pythagoräer noch von der Geometrie her (Dreieck-, Quadrat-, Rechteck-, Fünfeckzahlen). Später erlangte die Arithmetik jedoch eigenständige Bedeutung. Die Axiomatisierung der Arithmetik der natürlichen Zahlen gelang im Wesentlichen erst durch Peano (1891) und Zeitgenossen.

Beide Wurzeln wurden im Laufe der Geschichte der Mathematik immer wieder in einen engen Zusammenhang gebracht (natürliche Zahlen und geometrische Formen, reelle Zahlen und Zahlengerade, komplexe Zahlen und Gaußsche Zahlenebene, Zahlenkoordinaten in der Analytischen Geometrie usw.). In der modernen Mathematik sind beide Disziplinen auf höherer Ebene vereint.

Die genannten Wurzeln der Mathematik haben nicht nur in der Frühphase von Freges Mathematikforschung, sondern auch bei seinen Versuchen zur Begründung der Mathematik eine wichtige Rolle gespielt. Da seiner Meinung nach die Arithmetik dem logischen Denken entsprang (analytische Urteile a priori) und die Geometrie der räumlichen Anschauung (synthetische Urteile a priori), waren beide Wurzeln für ihn grundverschieden (siehe Zahlengleichungen im vorigen Abschnitt). Er hielt die Arithmetik für *reine Mathematik* und die Geometrie für *angewandte Mathematik*.

Funktionen, Begriffe und Klassen

Für Frege war der Funktionsbegriff sehr wichtig. Es wurde schon erwähnt, dass er dessen allgemeine Verwendung kritisierte. Frege erläuterte seinen Standpunkt an dem mathematischen Funktionsausdruck

$$f(x) = 2 \cdot x^3 + x \,.$$

Die *Funktion* wird dabei am besten in der Form

$$f(.) = 2 \cdot (.)^3 + (.)$$

mit Leerstellen angegeben. Sie ist ungesättigt. Erst mit dem Argument zusammen wird sie ein vollständiges Ganzes. Legt man das Argument x fest und berechnet daraus den Wert $y = f(x)$, so entsteht ein Paar (x,y), z. B. das Paar $(2,18)$. Die Menge der Paare (x,y) ergibt den *Wertverlauf* von f, für den Frege eine eigene Schreibweise einführte (siehe [FregeFuB]). In der modernen Mathematik spricht man vom *Graphen* der Funktion f.

Frege betrachtete aber auch Funktionen $P(.)$, deren Argumente Gegenstände und deren Werte *wahr* (kurz: w) bzw. *falsch* (kurz: f) sind. Solche Funktionen drücken Prädikate (Eigenschaften) aus und legen (scharfe) *Begriffe* P fest. Den Wertverlauf von $P(.)$, d.h. die Menge der Paare $(x, P(x))$, bezeichnete Frege als den *Umfang* $U(P)$ des Begriffes. Unter den Begriff P fallen alle Gegenstände x, für die $P(x)$ wahr ist. Diese Gegenstände bilden die Klasse $K(P) = \{x: P(x) = w\}$. Ein Begriffsumfang ist ein logischer Gegenstand, ebenso wie die daraus gewonnene Klasse. Heute nennt man meist $K(P)$ Begriffsumfang, wobei die Klasse als Menge interpretiert wird. Dann ist der Umfang ein mathematischer Gegenstand. Das ist aber nur ein formaler Unterschied.

Der Begriff ‚*Baum*‘ umfasst alle Bäume dieser Welt. Ist z. B. *Freges Linde* die Linde, die vor Freges Wohnhaus in Bad Kleinen stand, so liefert *Baum(Freges Linde)* den Wert w, aber *Baum(Frege)* den Wert f. So ergibt sich bei Betrachtung aller Gegenstände der Wertverlauf von *Baum*, der Umfang $U(Baum)$ des Begriffes ‚*Baum*‘. Die Klasse (Menge) aller Bäume ist dann $K(Baum)$.

Da Begriffe Funktionen und Gegenstände Argumente von Funktionen sind, muss man sie nach Frege streng unterscheiden. Begriffsumfänge sind wieder Gegenstände. Sie können damit als Argumente von Funktionen auftreten. Damit verschwimmt jedoch der für Frege so wichtige Unterschied zwischen Begriff und Gegenstand. Dieser Umstand ist es, der später seiner Konzeption das Kreuz bricht.

Peanos Axiomatik der Zahlen und Freges Zahlbegriff

Menschen sind mit Zahlen vertraut, ohne sich Gedanken über eine exakte Definition zu machen. Frege hielt es jedoch für einen Skandal, dass auch in der Mathematik nicht klar festgelegt war, was die Zahlen eigentlich bedeuten. Es gab in der Geschichte unzählige Beiträge dazu, die ihn aber alle nicht befriedigten. Viele Mathematiker gebrauchten Zahlen einfach intuitiv. Unter Philosophen waren zu Freges Zeit vor allem *psychologistische* Begründungen beliebt. Frege erklärte im Vorwort zu seiner Streitschrift [FregeZHS]:

„… ob die Zahl eine Gruppe von Dingen oder eine mit Kreide auf einer schwarzen Tafel von Menschenhand verzeichnete Figur sei, ob sie etwas Seelisches, über dessen Entstehung die Psychologie Auskunft geben müsse, oder ob sie ein logisches Gebilde sei, ob sie geschaffen sei und vergehen könne, oder ob sie ewig sei, selbst darüber hat die Wissenschaft noch nichts entschieden."

Frege erläuterte, dass Zahlen nicht der sinnlichen Wahrnehmung und auch nicht der Anschauung entsprangen (wie z. B. Farben). Wie sollte man sich sehr große Zahlen oder gar die unendliche Reihe der natürlichen Zahlen vorstellen?

Zu dieser Zeit wurde nun von Peano ein Axiomensystem der natürlichen Zahlen entwickelt, das die Grundbegriffe (Grundzeichen) ‚0‘, ‚Nachfolger‘ und ‚natürliche Zahl‘ enthielt. Ähnliche Axiomensysteme hatten übrigens vorher unabhängig voneinander auch Dedekind und Frege erarbeitet [Stepanians01: S. 22–23]. Damit schien vielen Mathematikern eine weitere Definition des Zahlbegriffs überflüssig. Was eine natürliche Zahl ist, wird von den axiomatisch festgelegten Eigenschaften beschrieben (und von nichts anderem). Sie wird nicht explizit, sondern *implizit* durch das Axiomensystem definiert.

Mengen von Elementen (*mit Relationen*), die die Bedingungen eines Axiomensystems erfüllen, heißen *Modelle* dieses Systems. Sie liefern Interpretationen des Systems. Das *Standardmodell* des Peano-Systems ist die uns bekannte Menge der natürlichen Zahlen

$$0, 1, 2, ..., n, ... \,.$$

Dummerweise gibt es aber weitere Modelle. Bei Verwendung entsprechend starker logischer Mittel kann man die Modelle wenigstens so weit einschränken, dass sie alle *strukturgleich* sind, also nur verschiedene Beschreibungen der gleichen Struktur darstellen. Sie können aber trotzdem inhaltlich etwas völlig anderes bedeuten als die natürlichen Zahlen. Z. B. kann die Modellmenge aus den natürlichen Potenzen von ½ bestehen. Ihre Elemente sind

$$1, \frac{1}{2}, \frac{1}{4}, \frac{1}{8}, ..., \left(\frac{1}{2}\right)^n, ...$$

Das Symbol ‚0' bezeichnet dann die Zahl 1 und die Nachfolgerbildung bedeutet die Halbierung einer Zahl der Menge (Multiplikation mit ½). Das war für Frege jedoch unbefriedigend, denn die natürlichen Zahlen sollten genau das darstellen, was beim Zählen von Gegenständen (Fingern, Äpfeln, Sternen usw.) verwendet wird.

Nach Freges fester Überzeugung musste es eine logische Definition der Zahlwörter geben, die deren Inhalt genau bestimmten. Dazu analysierte er den allgemeinen Sprachgebrauch (siehe auch [Kienzle09]). Für Frege sind natürliche Zahlen *endliche Anzahlen*. Diese kommen immer in Bezug auf Begriffe vor. Anzahlaussagen enthalten Aussagen von einem Begriff. Der Satz

- ‚Heidi Hase hat 4 Kinder.'

bedeutet eigentlich (im Sinne eines mathematischen Sprachgebrauchs)

- ‚Die Anzahl der Kinder von Heidi Hase ist gleich 4.'

Das wiederum besagt, dass unter den Begriff *‚Kind von Heidi Hase'* genau 4 Gegenstände (ihre Kinder) fallen. Die Anzahl bezieht sich also nicht auf Gegenstände, sondern auf Begriffe. Der Ausdruck *‚die Anzahl der (.)'* steht für eine *Funktion* (zweiter Ordnung), deren Argumente Begriffe (erster Ordnung) und deren Werte Gegenstände sind. Hier kommt wieder der Funktionsbegriff der Mathematik (in der Präzisierung von Frege) zum Zuge (siehe vorn). Nun kann man eine Gleichheit definieren (*Humes Prinzip*):

- ‚*die Anzahl der F = die Anzahl der G*' bedeutet: Unter den Begriff *F* fallen genauso viele Gegenstände wie unter den Begriff *G* (im Sinne einer umkehrbar eindeutigen Zuordnung der entsprechenden Gegenstände).

So weiß man, wann der Begriff *F gleichzahlig* zum Begriff *G* ist. Damit ist der Begriff ‚Anzahl' noch nicht definiert, denn die Gleichzahligkeit wird durch Zuordnung der Gegenstände festgestellt. Hat man z. B. *Messer* und *Gabeln* auf dem Tisch liegen, kann man *Messer-Gabel-Paare* bilden. Die Paarbildung geht entweder auf (Gleichzahligkeit) oder von einer Sorte bleiben Gegenstände übrig (keine Gleichzahligkeit). Wenn man auf dieser Ebene stehen bleibt, kann die Gleichheit

- *die Anzahl der F = n*

aber prinzipiell Probleme bereiten. Was geschieht, wenn man nicht weiß oder nicht zeigen kann, dass *n* eine Anzahl ist?

Frege entschloss sich daher (mit leichtem Unbehagen), von den Begriffen zu den *Begriffsumfängen* überzugehen. Für Frege war der Begriff *P*, wie schon gesagt, die Bedeutung einer entsprechenden Prädikatfunktion *P*(.) und sein Umfang ihr Wertverlauf. Fällt der Gegenstand *x* unter den Begriff *P*, so erhält *P*(*x*) den Wert w (‚wahr'), sonst den Wert f (‚falsch'). Ist der Begriff ‚Kind von Heidi Hase', so enthält der Umfang U(*P*) viermal den Wert w und sonst immer den Wert f. Die entsprechende Klasse K(*P*) besteht aus den vier Kindern von Heidi Hase. Die Klasse K(*P*) ist selbst wieder ein Gegenstand. Nun konnte Frege den Zahlbegriff so festlegen [FregeGLA]:

- *die Anzahl der P* ist der *Umfang* des Begriffes ‚*gleichzahlig zu P*'.

Die Klasse K(*gleichzahlig zu P*) enthält alle Klassen K(*F*) von Begriffen *F*, die gleichzahlig zu *P* sind. Fallen unter *P* genau *n* Gegenstände, so fallen auch unter diese *F* genau *n* Gegenstände. Dieses Abstraktionsprinzip der Äquivalenzklassenbildung wird auch in der Mathematik häufig benutzt. Die logische Einführung der natürlichen Zahlen nach Frege geht nun wie folgt.

• Die Zahl 0 ist der Umfang des Begriffes ‚gleichzahlig zu *sich selbst ungleich*‘.

Unter den logischen Begriff ‚sich selbst ungleich‘ fällt kein Gegenstand. Es ist stets $x=x$. Der Begriff ist leer. Die Zahl 0 ist der Umfang leerer Begriffe oder die leere Klasse.

• Die Zahl 1 ist der Umfang des Begriffes ‚gleichzahlig zu *identisch mit 0*‘.

Unter den logischen Begriff ‚identisch mit 0‘, fällt genau ein Gegenstand, die Zahl *0* selbst. Die Zahl 1 ist die Klasse aller Klassen von Begriffen P, unter die genau ein Gegenstand fällt.

Die Zahl 2 erweist sich als die Klasse aller Klassen von Begriffen P, unter die genau zwei Gegenstände fallen, und so weiter. Zahlen sind damit *Klassen von Klassen gleichzahliger Begriffe* (bzw. Mengen von gleichmächtigen Mengen [Russell07: S. 29]). Da Frege den Begriff ‚Nachfolger‘ einer Zahl ebenfalls logisch erklären konnte, hatte er so die Folge der natürlichen Zahlen definiert. Auch die Grundoperationen ließen sich in diesem Zahlenbereich logisch einführen. Schließlich übersetzte Frege diesen logischen Aufbau der Zahlen in seine *Begriffsschrift* (siehe folgenden Abschnitt). Die logische Einführung der Zahlen steht dabei im Einklang mit unseren Vorstellungen.

Freges Logik und der Logizismus

Es gab ein uraltes Konzept der Axiomatisierung, das in den Euklidischen *Elementen* realisiert war und die ebene Geometrie betraf. Obwohl die Begriffe und Axiome von Euklid in seiner *Geometrie* zu Freges Zeiten keineswegs mehr befriedigten, konnte man daraus doch eine allgemeine Methode ableiten:

• Vorgabe einiger weniger undefinierbarer Grundbegriffe, deren Bedeutung über jeden Zweifel erhaben ist, und Definition weiterer Begriffe mit Hilfe dieser Grundbegriffe.
• Vorgabe einiger weniger Grundsätze (Axiome), deren Wahrheit zweifelsfrei feststeht und Beweis weiterer Sätze (Theoreme) aus

diesen Grundsätzen unter Verwendung von zweifelsfreien logischen Schlussregeln.

Zur Sicherung der Arithmetik entwickelte Frege eine Sprache des „reinen Denkens", die *Begriffsschrift*, mit der er die zweiwertige klassische Logik erweiterte und axiomatisch aufbaute. Die Schlussregeln der alten Logik gingen im Wesentlichen noch auf Aristoteles (384–322 v. u. Z.) zurück (Syllogistik). Auch spätere Beiträge brachten keinen entscheidenden Durchbruch. Freges Logik(sprache) verwendete

- *Prädikatenlogik* (Prädikate bzw. logische *Funktionen* mit Wahrheitswerten, Begriffe als Bedeutung von logischen Funktionen, Verwendung von Begriffsumfängen bzw. Klassen, Einführung von Quantoren ,für alle *x*:' zur Bindung logischer Funktionen),
- *Axiomatisierung* (Axiomensystem nach dem Vorbild des Systems von Peano über die natürlichen Zahlen, Festlegung von zulässigen Schlussregeln).

Die *Begriffsschrift* bezweckte neben dem Sicherungsaspekt die

- *Klärung des Ursprungs* von mathematischen Objekten wie den Zahlen (explizite logische Definitionen),
- *Rückführung der Arithmetik* (und damit großer Teile der Mathematik) *auf die Logik*.

Der Geniestreich der Klassenbildung erwies sich später zugleich als Pferdefuß von Freges Programm. Frege skizzierte seine Ideen zur logischen Begründung der Mathematik schon in seinem Werk „Die Grundlagen der Arithmetik" aus dem Jahre 1884 [FregeGLA]. Die strenge Durchführung erfolgte in seinem Werk „Grundgesetze der Arithmetik" [FregeGGA]. So schien es Frege gelungen zu sein, die Arithmetik der natürlichen Zahlen logisch zu begründen.

Der *Logizismus* geht davon aus, dass die Mathematik oder zumindest ein wesentlicher Teil davon (wie die Arithmetik bei Frege) eine Frucht der Logik, eine entwickelte Logik ist. Grundbegriffe der Mathematik lassen sich hiernach durch explizite Definitionen auf Grundbegriffe der Logik zurückführen, während mathematische Sätze durch logische

Schlüsse aus logischen Sätzen hergeleitet werden [Heitsch76: S. 168 f.], [Bedürftig10: S. 81 f.].

Als Urvater des Logizismus wird das Universalgenie Leibniz (1646–1716) angesehen. Nach Frege verfolgten auch Russell und Carnap logizistische Programme aus teilweise unterschiedlichen philosophischen Positionen (Platonismus, Empirismus, Positivismus) [Russell05: S. 387 f.]. Russell versuchte, die Konzeption Freges weiterzuentwickeln und die gesamte Mathematik seiner Zeit auf die Logik zu reduzieren. Carnap selbst hatte übrigens bei Frege Logikvorlesungen besucht.

Der Logizismus stieß aber an prinzipielle Grenzen. Frege erkannte selbst, dass sich reelle Zahlen nicht als Begriffsumfänge definieren lassen. Wie schon bei den natürlichen Zahlen gehörte für Frege zur Definition der reellen Zahlen auch ihre inhaltliche Bestimmung. Er führte dazu neben den Anzahlen eine neue Sorte von Zahlen ein, so genannte *Maßzahlen*, die eine gegebene Größe zur Einheitsgröße in Beziehung setzen. Die Verwendung reeller Zahlen zum Messen sollte schon in der Definition sichtbar werden und nicht nachträglich künstlich angefügt erscheinen [Kutschera89: S. 119 f.].

Der Versuch, die Logik über die Arithmetik der natürlichen Zahlen hinaus auf die gesamte Mathematik auszudehnen, muss aus heutiger Sicht als gescheitert angesehen werden. Es gibt noch andere prinzipielle Einwände. Nach allgemeinem Verständnis gehören *Existenzbehauptungen* nicht in die Logik. Die Axiome der natürlichen Zahlen erfordern aber die Existenz *unendlicher Mengen*. Beim weiteren Ausbau der Mathematik wird oft das *Auswahlaxiom* eingesetzt. Hier wird die Existenz eines Auswahlverfahrens für Elemente aus unendlichen Mengen vorausgesetzt. Weitere Fragen im Zusammenhang mit dem Logizismus sind:

• Was ist überhaupt *Logik*? Heute kennt man die verschiedenartigsten Logiken (mehrwertige Logiken, Fuzzy-Logik usw.). Welche Logik wird jeweils benutzt? Diese Logiken stehen wiederum in Beziehung zu verschiedenen Zweigen der Mathematik.

• Was ist die *Basistheorie* der Mathematik, die auf die Logik zurückgeführt werden soll? Hier sind in der historischen Entwicklung der Mathematik Wandlungen eingetreten. Auch in Zukunft wird es Änderungen geben.

Freges Standpunkt zur Geometrie

Die inhaltliche Orientierung (*Ontologie*) wurde von Frege auch in der Geometrie verfolgt. Obwohl inzwischen neben der Euklidischen Geometrie auch Nichteuklidische Geometrien bekannt waren, hielt er diese nicht für gleichberechtigt. Die verschiedenen Geometrieansätze sind untereinander nicht vereinbar (widersprüchlich). Die uns vertraute Raumanschauung zeichnet die Euklidische Geometrie aus. Aber begriffliches Denken kann auch andere Geometrien betrachten.

Wenn man wie Frege die Euklidische Geometrie für wahr hielt, konnten nicht gleichzeitig Nichteuklidische Geometrien wahr sein. Er verglich die Situation mit derjenigen der Wissenschaften und Pseudowissenschaften (z. B. Alchemie, Astrologie). Richtig an dieser Auffassung ist sicher die Tatsache, dass bei der gewohnten Euklidischen Interpretation solcher Begriffe wie ‚Punkt‘, ‚Gerade‘ und ‚Ebene‘ allein die Euklidische Geometrie wahr ist. Behandelt man dagegen verschiedene Geometrien als gleichwertig, so sind die entsprechenden Grundbegriffe und Axiome trotz gleichen Namens aber verschieden. Das ergibt jeweils aufwändige Bezüge auf die Art der Geometrie oder bei Unterlassung Quellen für Missverständnisse [FregeEG].

Die Auffassungen zur Geometrie wurden auch durch das Verhältnis zum Definitionsbegriff beeinflusst. Freges Kontroverse mit Hilbert nahm seinen Anfang mit dessen Buch ‚Grundlagen der Geometrie‘ aus dem Jahre 1899. Er äußerte sich dazu in seinen Werken, in einem Briefwechsel und in mündlichen Gesprächen mit Hilbert. Ähnlich wie beim Axiomensystem der natürlichen Zahlen von Peano störte Frege beim Axiomensystem der Geometrie von Hilbert die implizite Definition der Grundbegriffe. Die inhaltlichen Festlegungen von Euklid zu den Begriffen ‚Punkt‘, ‚Gerade‘ und ‚Ebene‘ wurden damit als überflüssig betrachtet. Für Frege aber waren Axiome weiterhin wahre, aber unbeweisbare Aussagen. Aus ihrer Wahrheit folgte seiner Meinung nach auch ihre logische Widerspruchsfreiheit. Daher mussten alle in den Axiomen vorkommenden Bestandteile erklärt sein. Außerdem waren die Begriffe bei Hilberts Auffassung nicht durch einzelne Axiome, sondern erst durch das ganze Axiomensystem bestimmt. Hier hegte Frege zu Recht Zweifel, ob die Begriffe damit eindeutig festgelegt sind. Schließlich wäre der Ansatz erst gerechtfertigt, wenn ein Modell vorliegt, in dem die Axiome wahr sind. Hilbert hingegen hielt die Berechtigung der Axiome schon für gegeben, wenn sie widerspruchsfrei sind. Damit wäre auch die Existenz der durch sie definierten Gegenstände gesichert [Kutschera89: Abschnitte 9.2 und 10.4].

Freges Scheitern

Schlimmer noch als das Scheitern des logizistischen Programms war für Frege das Scheitern seines Axiomensystems [Mayer96: S. 123 f.]. Das Axiom V betrifft die Gleichheit von Klassen (bzw. von Wertverläufen der entsprechenden Prädikatfunktionen). Die Klasse K(F) ist mit der Klasse K(G) genau dann identisch, wenn die Prädikate $F(x)$ und $G(x)$ für alle Gegenstände x denselben Wert haben. Schon frühzeitig empfand Frege hier ein gewisses Unbehagen, weil sich dabei der Unterschied von Begriffen und Gegenständen verwischt. Da Klassen K(P) von Begriffen P selbst wieder als Gegenstände auftreten können, ist auch der Ausdruck P(K(P)) prinzipiell möglich. Hier fällt ein Begriffsumfang unter den Begriff, dessen Umfang er ist. Z. B. fällt der Umfang des Begriffes ,*kein Lebewesen*' unter diesen Begriff, denn der Umfang ist selbst kein Lebewesen. Diese Rückbeziehung kann zu Widersprüchen führen (Zirkelbezug). Unbedenklich erscheint dagegen auf den ersten Blick die Klasse aller Klassen, die sich nicht selbst enthalten. Russell teilte Frege aber in einem Brief 1902 mit, dass diese Klasse einen Zirkelbezug enthält und logisch widersprüchlich ist. Für Frege war die Nachricht niederschmetternd. Sein Lebenswerk schien zerstört. Getreu seiner grenzenlosen Wahrheitsliebe erkannte er den Widerspruch ohne Einschränkung an. Frege leitete den Widerspruch in der *Begriffsschrift* selbst ab und fügte in Band 2 der *Grundgesetze* einen Anhang ein [FregeGGA, Band 2, Appendix]. Er selbst und andere versuchten darauf hin, das Axiom V abzuschwächen. Aber solche Änderungen erschienen willkürlich oder künstlich. Außerdem blieb unklar, ob nicht auch hier auf tieferer Ebene neue Widersprüche auftreten. Schließlich verwarf Frege das Axiom V ganz. Für ihn war sein Zahlbegriff nun nicht mehr haltbar. Danach rang er sich zu der Auffassung durch, dass Zahlen wohl doch geometrischen Ursprungs waren. Die sprachliche Analyse des Zahlbegriffes hatte ihn vermeintlich in die Irre geführt. Aber für eine Ausarbeitung dieser Denkrichtung blieb ihm keine Zeit mehr.

Heute sieht man die Problematik wesentlich gelassener. Man weiß inzwischen, dass bei der logischen Definition der natürlichen Zahlen nicht unbedingt Axiom V gebraucht wird. Wesentliche Teile der Mathematik werden von dieser Begründungsproblematik nicht berührt. Damit relativiert sich das Scheitern [Stepanians01: S. 94 f.].

Cantors Mengenlehre und Russels Programm

Parallel zu Freges Arbeiten schuf der Hallenser Mathematiker Cantor (1845–1918) seine Mengenlehre. Mit den Grundbegriffen ‚*Menge*‘ und ‚*Element*‘ konnte man die Objekte und Strukturen der Mathematik beschreiben. Die Mengenlehre entwickelte sich zur neuen *Basistheorie* der Mathematik. Die natürlichen Zahlen waren hier (analog zu Freges Konstruktion) Mengen von endlichen gleichmächtigen Mengen.

Noch auf dem Mathematikerkongress 1900 verkündete der große französische Mathematiker Poincaré, dass die Mengenlehre die Grundlage der gesamten Mathematik darstellt. Inzwischen waren aber von Cantor und anderen logische Widersprüche in der Mengenlehre entdeckt worden (*Antinomien*, Konjunktionen einer Aussage und ihrer Negation: $A \wedge \neg A$), z. B. bei der

- Menge aller Mengen (Cantor 1899),
- Menge aller Mengen, die sich nicht selbst als Element enthalten (Zermelo um 1900).

Offenbar ist die Menge aller Mengen wieder eine Menge, und zwar eine, die sich selbst als Element enthält. Normalerweise enthält sich eine Menge nicht selbst als Element. Was ist aber nun mit der Menge

$$M = \{X : \neg (X \in X)\}$$

aller solcher *normalen* Mengen. Nimmt man an, dass sie sich selbst als Element enthält, dann enthält sie sich nicht selbst als Element. Enthält sie sich andererseits nicht selbst als Element, so enthält sie sich selbst als Element. Formal gilt

$$X \in M \equiv \neg(X \in X), \quad M \in M \equiv \neg(M \in M),$$

so dass logisch unvereinbare Aussagen äquivalent sind. Diese Situation entspricht der Antinomie, die Russell 1902 Frege mitteilte. Die folgende Antinomie hat das gleiche Strickmuster. Betrachtet wird der Mann, der die und nur die Männer rasiert, die sich nicht selbst rasieren. Dieses populäre *Barbierproblem* ist schon seit der Antike bekannt. Es enthält ebenfalls einen Widerspruch, bezieht sich aber auf einen endlichen Begriffsumfang. Damit ist nicht der Begriff des Unendlichen ursächlich für diesen Typ von Antinomien, wie teilweise vermutet wurde [Heitsch76: S. 300 f.].

Die Russellsche Antinomie führte, wie schon erwähnt, auch zum Scheitern der Axiomatik im Logiksystem von Frege. Russell erkannte jedoch den großen Wert von Freges Ideen und setzte dessen Programm fort. Er wollte auf Zirkel (bei Definitionen und Schlussregeln) völlig verzichten. Er entwickelte eine Typentheorie (Stufung, Hierarchie) der Mengenlehre, in der die Antinomie nicht mehr auftrat. Durch diese Maßnahme verlor die Mathematik aber an Substanz und wurde unnötig kompliziert.

Heute wird meist das *stufenfreie* Axiomensystem von Zermelo und Fraenkel in der Mengenlehre benutzt, welches das Auftreten der bekannten Antinomien ebenfalls ausschließt.

Zum aktuellen Stand

Die Mathematik als Ganzes ist nicht Teil der (mathematischen) Logik. Verschiedene Spielarten der Mathematik benötigen auch verschiedene Logiken (zum Schließen). Diese Spielarten unterscheiden sich teilweise auch in ihren Grundannahmen. Es gibt sie ohne und mit

- Satz vom ausgeschlossenen Dritten (klassische zweiwertige Logik),
- Prinzip der vollständigen Induktion (natürliche Zahlen),
- Auswahlaxiom (Mengenlehre),
- Kontinuumhypothese (Mengenlehre).

Letztere besagt, dass zwischen der Mächtigkeit („Anzahl") der natürlichen und der reellen Zahlen keine weiteren Mächtigkeiten liegen.

Insofern hat sich die Mathematik immer mehr zu einer Beschreibung
möglicher Welten entwickelt.

Es gibt aber auch keine scharfe Trennlinie zwischen Mathematik
und Logik. Teile der Logik kann man mit mathematischen Methoden
erfassen (z. B. algebraische Fassung der Aussagenlogik durch Boole)
und Teile der Mathematik kann man logisch reduzieren.

Die *axiomatische Methode* hat ihre Grenzen. Seit der Entdeckung
Nichteuklidischer Geometrien ist klar, dass Axiome keine ewigen
Wahrheiten darstellen, wie noch Frege glaubte. Begriffe werden zu Be-
griffsgeflechten, so dass Freges Kritik an Hilbert überholt ist.

Weitere einschneidende Erkenntnisse verdanken wir vor allem Gödel, der einer der wenigen Logiker aller Zeiten ist, die in ihrer Bedeutung an Frege heranreichen. Je nach der zugrunde liegenden Struktur
sind verschiedene, teilweise auch miteinander konkurrierende Axiomensysteme denkbar. Die *Widerspruchsfreiheit* eines solchen Systems
ist im Allgemeinen nicht im System selbst beweisbar.

Auf der anderen Seite gibt es aber relative Widerspruchsfreiheitsbe-
weise, z. B. das Verhältnis von Arithmetik und Geometrie betreffend.
Die Arithmetik ist danach genauso sicher wie die Geometrie. Widersprüche in einem der Bereiche würden auch Widersprüche im anderen
Bereich nach sich ziehen.

Die *Vollständigkeit* eines Axiomensystems ist im Allgemeinen nicht
erreichbar, insbesondere auch das der Arithmetik der natürlichen Zahlen nicht. Es gibt wahre Aussagen, die man im System nicht beweisen
kann. Es gibt falsche Aussagen, die man im System nicht widerlegen
kann. Trotzdem kann die Wahrheit (bzw. Falschheit) solcher Aussagen
möglicherweise auf anderem Wege nachgewiesen werden (durch Erweiterung des Axiomensystems oder im Modell direkt). Neben dem
axiomatischen Schließen gibt es auch ein *semantisches* Schließen. Hier
kommt Freges Ansatz auf höherer Ebene wieder zu seinem Recht. Eine
Aussage A2 folgt semantisch aus einer anderen A1, wenn die Wahrheit
von A1 in allen Modellen die Wahrheit von A2 nach sich zieht.

Mathematik hat einen hohen Grad der Verlässlichkeit (Gewissheit).
Er ist höher als in anderen Wissenschaften. Es gibt aber zu keiner Zeit
eine absolute Garantie für die Richtigkeit der (gesamten) Mathematik.
Die moderne Mathematik ist sehr vielschichtig. Die Entwicklung der
Mathematik ist ein unbegrenzter Prozess in alle Richtungen. Die Er-
schließung neuer Anwendungen verändert auch die Mathematik.

Frege hat mit seinen Untersuchungen zur Begründung der Mathematik Großes geleistet und viele neue Entwicklungen mit erstaunlichen Ergebnissen angestoßen. Seine Prädikatenlogik ist (in anderer Schreibweise) heute nach wie vor eine unverzichtbare Grundlage der modernen Mathematik, der Informatik und der elektronischen Schaltungstechnik. Dabei entspricht die überholte Schreibung seiner Logik praktisch dem Schaltplan.

Bildnachweis

Abbildung 1: Original im Besitz des Autors, gezeichnet von seiner Tochter Susanne Schott (damals Susanne Stasch, geb. Schott)

4. WENN Frege DANN Logik

Uwe Lämmel

Gottlob Frege

Was ist es, was sich mit dem Namen Gottlob Frege verbindet und weltweite Beachtung findet? Eine Antwort darauf gibt die Encyclopædia Britannica [EB98] im Band 4 der Mikropædia auf Seite 968:

> *„German mathematician and logician, who founded modern mathematical logic. Working on the borderline between philosophy and mathematics – viz., in the philosophy of mathematics and mathematical logic (in which no intellectual precedents existed) – Frege discovered, on his own, the fundamental ideas that have made possible the whole modern development of logic and thereby invented an entire discipline. "*

Ein deutscher Mathematiker und Philosoph, der eine neue Wissenschaftsdisziplin begründet hat: die formale Logik – eine Disziplin, die heute in vielfältiger Weise praktische Anwendung erfährt.

In diesem Beitrag wird der Weg dieser Logik aufgezeichnet: Am Anfang steht der Wunsch nach einem Mechanismus, der die Richtigkeit des menschlichen Denkens untersucht.

Es wird die Idee Freges skizziert und anschließend die Weiterentwicklung dieser Ideen hin zu einer Technik, wie diese heute eingesetzt wird, dargestellt. Wir betrachten teilweise recht alltägliche Anwendungen, denn wir nutzen diese Logik tagtäglich, ohne uns dessen bewusst zu sein.

Können Aussagen formal dargestellt werden und können diese sogar unter Anwendung einer Vorschrift formal zu neuen Aussagen verbunden werden, so kann dies auch ein Computer durchführen. Der

Computer vollzieht hierbei Operationen, die den Vorgängen beim bewussten Denken eines Menschen entsprechen. Dem Computer wird ein Teil des „Denkens" beigebracht: das Verbinden von Aussagen zu neuen Aussagen.

Den Abschluss bildet eine kurze Einführung in eine Logik-Anwendung der Wirtschaftsinformatik: Mittels Geschäftsregeln können betriebliche Anwendungssysteme flexibel an sich ständig ändernde Anforderungen der Geschäftslogik angepasst werden. Dieser logikbasierte Ansatz wird insbesondere von Unternehmen eingesetzt, die mit personalisierten Angeboten aufwarten, um im Wettbewerb bestehen zu können.

Der Beitrag stellt sich das Ziel, die Leistung von Gottlob Frege auf dem Gebiet der Logik allgemeinverständlich darzustellen und ihre Bedeutung für unser Leben anschaulich zu machen. Gottlob Frege hat es verdient, stärker in das öffentliche Bewusstsein gerückt zu werden. Die Geschichte kennt nicht viele vergleichbare Persönlichkeiten.

Warum eine formale Logik?

Ist doch logisch! Diesen Satz kennen wir alle und haben ihn schon oft gesagt oder gehört. Wann ist etwas logisch? Wann ist etwas nicht logisch? Gibt es Regeln dafür, zu entscheiden, wann etwas logisch ist?

Bereits seit der Antike haben sich Philosophen mit diesen Fragen auseinandergesetzt. Die Entwicklung der Wissenschaft brachte es mit sich, dass Behauptungen geprüft werden mussten: Waren die Gedankengänge, war eine Beweisführung logisch, war diese korrekt? Man suchte nach einem Formalismus, der es ermöglichte Gedanken miteinander so zu verknüpfen, dass der neue Gedanke, bestehend aus der Verknüpfung anderer Gedanken, logisch korrekt, somit richtig ist.

Die Logik als Wissenschaft befasst sich mit der „*richtigen Verknüpfung der Gedanken im Folgern*". Andere Definitionen [MUL80] sprechen von der „*Wissenschaft der Folgerungsrelationen*" oder von der „*Wissenschaft, deren Gegenstand die Struktur des richtigen Denkens ist*". Betrachten wir zwei Gedanken:

1. Einige Wismarer kennen Gottlob Frege.
2. Alle, die Gottlob Frege kennen, sind schlau.

Welche Verknüpfungen der beiden Gedanken lassen sich nun vornehmen, sodass ein neuer richtiger Gedanke entsteht? Überprüfen Sie sich selbst. Welche der Folgerung(en) aus den beiden Gedanken 1 und 2 ist oder sind richtig?

A: Alle, die schlau sind, kennen Gottlob Frege.
B: Alle Wismarer sind schlau.
C: Einige Wismarer sind schlau.
D: Einige Wismarer sind nicht schlau.
E: Einige Schlaue sind Wismarer.

Gesucht sind somit Formalismen, die man anwenden kann, um damit die Behauptungen A … E überprüfen zu können. Mittlerweile kennt man Folgerungsregeln, die eine formale Prüfung von Folgerungen möglich machen. Einen wesentlichen Beitrag zur Entwicklung dieser Logik leistete Gottlob Frege.

Anmerkung: Für das oben angeführte Beispiel sind bereits die von Aristoteles eingeführten Syllogismen ausreichend für eine Analyse: Syllogismen sind Folgerungsregeln, die sich aus vier Mustern, so genannten Figuren, und dazugehörigen 24 Modi ergeben.

Die Logik des Gottlob Frege

Die Logik Freges wurde der Allgemeinheit durch die Veröffentlichung der *„Begriffsschrift"* im Jahre 1879 bekannt gemacht [FregeBS]. Von Allgemeinheit darf strenggenommen keine Rede sein, wird damals doch kaum jemand den Text Gottlob Freges gelesen haben. Zu den wenigen, die es getan haben, gehört der britische Philosoph und Logiker Bertrand Russell.

In der *„Begriffsschrift"* bilden zwei Gedanken und deren mögliche Verknüpfung den Ausgangspunkt. Betrachten wir zwei Gedanken A und B. Frege nennt sie *„beurtheilbare Inhalte"*, heute sagen wir Aussagen. Aussagen können entweder wahr oder falsch sein. Damit lassen sich vier Kombinationen der Wahrheitsgehalte dieser Gedanken oder der *„beurtheilbaren Inhalte"* bilden. Frege drückt die vier Möglichkeiten in seiner Begriffsschrift wie folgt aus:

1. A wird bejaht,   und B wird bejaht.
2. A wird bejaht,   und B wird verneint.
3. A wird verneint,   und B wird bejaht.
4. A wird verneint,   und B wird verneint.

Wie ist nun der jeweilige Wahrheitsgehalt der Kombinationen 1 bis 4? Wird nun der dritte dieser Fälle verneint und alle anderen bejaht, so stellt Frege diese Beziehung wie folgt dar:

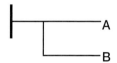

Es fällt sicher nicht leicht, ohne weitere Erläuterungen die Bedeutung dieser Ausführungen zu erkennen. Eine sogenannte Wahrheitswerte-Tabelle fasst das Gesagte zusammen und benennt die Kombination so, wie es mittlerweile üblich ist: „*Wenn B, dann A.*"

A	B	Wenn B dann A
ja	ja	ja
ja	nein	ja
nein	ja	nein
nein	nein	ja

Um die Darstellung weiter an heutige Gepflogenheiten anzupassen, vertauschen wir die Bezeichnungen A und B und beginnen mit dem Fall, dass beide Sätze falsch sind. Die Wahrheitstabelle für die logische Operation „*Wenn A dann B*" erhält dann diese Gestalt:

A	B	wenn A dann B
nein	nein	ja
nein	Ja	ja
ja	nein	nein
ja	Ja	ja

wenn A dann B

Frege hat somit eine Formalisierung einer auch im Alltag häufigen Verbindung zweier Aussagen vorgeschlagen: „*Wenn A, dann B*" ist eine logische Verknüpfung zweier Aussagen, die als Implikation bezeichnet wird.

Betrachten wir ein weiteres Beispiel und gehen von folgenden Aussagen, den „beurtheilbaren Inhalten" *A* und *B* aus:

A: Es regnet.
B: Ich gehe ins Kino.

Die Wahrheitstabelle gibt uns vor, wie der Wahrheitsgehalt der neuen Aussage „*Wenn es regnet, dann gehe ich ins Kino*" ist:

Sind *A* und *B* beide falsch, das heißt, es regnet nicht und ich gehe nicht ins Kino, so bleibt der Satz „*Wenn es regnet, dann gehe ich ins Kino*" dennoch richtig. Auch schließt der Satz „*Wenn es regnet, dann gehe ich ins Kino*" nicht aus, dass ich ins Kino gehe, falls es nicht regnet. Aber wenn es wirklich regnet, dann muss ich auch ins Kino gehen. Gehe ich nicht ins Kino, obwohl es regnet, dann ist die Aussage „*Wenn es regnet, dann gehe ich ins Kino*" falsch.

Die Implikation, die Wenn-Dann-Beziehung, tritt uns im Alltag in vielfältiger Form entgegen. Sie ist:

- eine Vorschrift: „*Wenn die Ampel rot ist, dann ...*"
- ein naturwissenschaftliches Gesetz: „*Wenn Wasser auf 100°Celsius erhitzt wird, dann ...*"
- eine Handlungsanweisung: „*Wenn Sie einen Film aufnehmen wollen, dann ...*"
- eine Kontrollstruktur in Programmiersprachen: „*IF (Einkommen > Grundfreibetrag) THEN ...*"
- eine Erklärung für Handlungen: „*Wenn ich über Frege spreche, dann spreche ich über Logik.*"

Die Überschrift des Beitrags „*WENN Frege DANN Logik*" greift diese von Gottlob Frege entwickelte logische Verknüpfung auf: Wird „*Frege*" als „*Ich spreche über Frege*" und „*Logik*" mit „*Ich spreche über Logik*" interpretiert, so ergibt sich eine Implikation. Wie wir oben gesehen haben, ist die Überschrift damit für alle Fälle korrekt, solange ich auch über Logik spreche, falls ich über Frege rede.

Die Wenn-Dann-Beziehung ist jedoch nicht ausreichend, um alle logischen Verknüpfungen zweier Aussagen zu beschreiben. Zudem sind so genannte Quantifzierungen notwendig, wie diese im Beispiel am Anfang des Beitrags auftreten: „*Alle Wismarer* …“. In seiner Begriffsschrift führt Frege genau zwei weitere logische Verknüpfungen ein:

Zum einen ist die *Negation* notwendig, um Sachverhalte ausdrücken zu können: Eine negierte Aussage ist wahr, falls die ursprüngliche Aussage falsch ist. Zum anderen führt er die so genannte Allquantifizierung von Objekten ein: „*Für alle x gilt,* …“

Damit kann in Anlehnung an das eingangs angeführte Beispiel im Stil Freges formuliert werden:

„*Für alle Wismarer gilt, wenn sie Frege kennen, dann sind sie nicht dumm.*“

Wir ersetzen dabei Wismarer durch x und gehen davon aus, dass die Grundmenge für die Variable *x* aus allen Wismarer Bürgern gebildet wird:

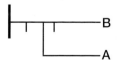

Erkennbar ist die Allquantifizierung von *x*, dargestellt als kleine Senke im waagerechten Strich. Eine Negation wird in Freges grafischer Notation als kleiner senkrechter Strich an die waagerechte Linie (dem Inhaltsstrich) der jeweiligen Aussage dargestellt.

Mit diesen drei Operationen *Implikation* (Wenn-Dann), *Negation* sowie *Allquantifikation* können alle Sachverhalte der klassischen zweiwertigen Logik dargestellt werden. Zur Illustration betrachten wir dazu die logische Verknüpfung „und“: „*A und B*“. Diese kann mittels Implikation und Negation ausgedrückt und graphisch wie folgt dargestellt werden:

Die Interpretation der Graphik lautet: „*Es gilt nicht, wenn A dann nicht B*". Es ist sicher nicht leicht zu erkennen, dass dieses der „und"-Vorstellung entspricht. Dem Leser wird es überlassen, anhand von Wahrheitswertetabellen (siehe oben oder den folgenden Abschnitt) den Sachverhalt zu überprüfen.

Die formale Logik heute

Als Purist hat Gottlob Frege seinen Kalkül auf ein minimales Fundament aufgebaut. Alles Weitere lässt sich aus diesem Fundament ableiten. Dieses Konzept ist nicht nur für Mathematiker und Philosophen, sondern erst recht für die Allgemeinheit schlecht handhabbar. Die heutige Schreibweise logischer Zusammenhänge, logischer Formeln, geht auf den italienischen Mathematiker Guiseppe Peano zurück. Er führte folgende Schreibweise für logische Operationen ein:

Logische Operation	Symbol
UND	$\wedge$
ODER	$\vee$
NICHT	$\neg$
WENN-DANN	$\rightarrow$
GENAU-DANN-WENN	$\leftrightarrow$
FÜR ALLE	$\forall$
ES EXISTIERT	$\exists$

Damit können wir den Satz

> „*Für alle Wismarer gilt,*
> *wenn sie Frege kennen, dann sind sie nicht dumm*"

als logische Formel notieren. Wir setzen wieder voraus, dass die Grundmenge für *x* durch alle Wismarer gebildet wird:

$$\forall\ x: kennt(x) \rightarrow \neg\ dumm(x)$$

Will man für *x* alle Menschen zulassen, so muss die Einschränkung auf Wismarer Bürger als Teil der Bedingung mit formuliert werden:

$\forall$ x: wismarer(x) $\wedge$ kennt(x) $\rightarrow$ $\neg$ dumm(x)

Die folgende Tabelle gibt die logischen Verknüpfungen als Tabelle der Wahrheitswerte an:

A	B	A∧B	A∨B	¬A	A→B	A↔B	A XOR B
F	F	F	F		W	W	F
F	W	F	W	W	W	F	W
W	F	F	W	F	F	F	W
W	W	W	W		W	W	F

Da wir im alltäglichen Sprachgebrauch etwas großzügig mit der Logik umgehen, sei auf zwei Fälle besonders hingewiesen:

Wir neigen dazu, „und" zu sagen aber eine „oder"-Verknüpfung zu meinen. Eine „und"-Verknüpfung ist nur genau dann wahr, wenn beide Teile, sowohl A als auch B wahr sind: „Obst und Gemüse ist gesund". Logisch betrachtet, sagt dieser Satz nun, dass nur beides gemeinsam, Obst und Gemüse, gesund ist. Sicher ist doch aber auch Obst allein gesund? In einem Mengen-Diagramm wird das Problem deutlich:

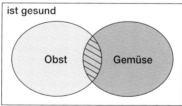

Obst *und* Gemüse bezeichnet die Schnittfläche beider Kreise, Obst *oder* Gemüse umfasst den gesamten von beiden Kreisen eingenommenen Bereich.

Logisch gesehen sollte es wohl „*oder*" lauten: Obst alleine ist gesund, Gemüse alleine ist gesund aber auch beides zusammen. Reden wir falsch?

Wir können den Sachverhalt des Satzes „*Obst und Gemüse ist gesund*" durch eine, zugegebenermaßen etwas umständliche aber dafür genaue Aussage ausdrücken:

Für alle x gilt, wenn x ein Obst ist oder x ein Gemüse ist, dann ist x gesund.

Die zugehörige Formel

$$\forall \ (obst(x) \lor gemüse(x)) \rightarrow gesund(x)$$

kann in folgende äquivalente Aussage um geformt werden, die eine Und-Verknüpfung enthält:

$$\forall \ (obst(x) \rightarrow gesund(x)) \land (gemüse(x) \rightarrow gesund(x)).$$

Obst ist gesund und Gemüse ist gesund. Wir müssen uns bewusst sein, dass wir Und für eine verkürzte Schreibweise einsetzen, diese Kurzform jedoch auch zu Fehlinterpretationen führen kann.

„A oder B": ist auch dann richtig, wenn beides, sowohl A als auch B, richtig ist. Für das ausschließende Oder, das Entweder-Oder, wird die Bezeichnung XOR (exklusives Oder) verwendet. Auch hier gibt es einen Stolperstein in der Alltagssprache: Verwenden wir doch häufig „oder" und meinen „entweder oder": Die Frage „Möchten Sie Kaffee oder Tee zum Frühstück" schließt in der Regel aus, dass beides getrunken wird.

Nun können wir als Menschen mit diesen „unlogischen" Formulierungen im Alltag durchaus umgehen. Wenn wir aber einen Computer einsetzen wollen, um logische Probleme behandeln zu können, muss die Alltagswelt durch exakte logische Formeln ausgedrückt werden.

Ohne die formale Logik sind heutige Computer nicht denkbar: Die 0-1-Darstellung der Daten kann ebenso als logische falsch-wahr-Darstellung interpretiert werden. In der Schaltalgebra werden Signale miteinander verknüpft, man spricht auch von logischen Gattern. Diese bilden das Herzstück der Prozessoren. Arithmetische Operationen, wie Plus, werden auf die Kombination solcher Gatter zurückgeführt: so genannte *Halbaddierer* oder *Volladdierer*.

Formale Logik findet sich sogar in der Hardware eines Computers wieder. In der Programmierung ist die strukturierte Anweisung für die Alternative, die IF-Anweisung, in fast allen Programmiersprachen vorhanden:

```
IF a > b THEN  a := a – b;      { Programmiersprache PASCAL }
if ( a > b ) { a = a – b;}      // Programmiersprache C oder Java
```

Aus der Mathematik sind Fallunterscheidungen bei der Definition von Funktionen bekannt. Ein Beispiel ist die Sprungfunktion:

$$f(x) = \begin{cases} 1 \; \textit{falls } x > 0 \\ 0 \; \textit{sonst} \end{cases}$$

Der Ansatz, zu programmieren, indem man Funktionen definiert, wird in funktionalen Programmiersprachen verfolgt. Dabei haben wir es wieder mit einer Anwendung der Wenn-Dann-Verknüpfung zu tun, wie hier in der Programmiersprache Python:

```
def ggT(a,b): if a==b:   return a
              elif a>b:  return ggT(a-b,b)
              else:      return ggT(a,b-a)
```

Mit einer weiteren praktischen Anwendung formaler Logik sind wir mittlerweile alle konfrontiert: Wir suchen nach Informationen im Internet und nutzen dazu Suchmaschinen wie Google, Bing oder Ecosia.

Anmerkung: Genau genommen suchen wir nicht im Internet sondern im World-Wide-Web (WWW). Das World-Wide-Web ist nur ein Dienst, neben weiteren Diensten, wie zum Beispiel dem E-Mail-Dienst, der das Internet ebenso als technische Basis nutzt.

Zurück zu unserer Suchanfrage: Werden mehrere Worte in die Suchmaske eingetragen, so sind diese Worte logisch gesehen mittels „und" verknüpft: Wir sind nur an Seiten interessiert, die alle Suchworte enthalten:

| Logik Computer Sprüche | **Suchen** |

Diese Suche nach einem guten Spruch zum Thema Logik und Computer führt zu einer Ergebnisliste, bei der die erste Seite nur aus Hinweisen auf den folgenden Spruch von John Osborne besteht:

„Der Computer ist die logische Weiterentwicklung des Menschen: Intelligenz ohne Moral."

Nicht zufrieden mit diesem Ergebnis, kann man die Suche unter Verwendung eines Minuszeichens einschränken, um alle Seiten mit diesem Spruch auszuschließen:

Logik Computer Sprüche –Weiterentwicklung		Suchen

Damit werden nun alle Seiten angezeigt, die die ersten drei Suchworte aber nicht das Wort *„Weiterentwicklung"* enthalten. Wir haben es also mit einer logischen Formel zu tun:

$$Logik \land Computer \land Sprüche \land \neg \ Weiterentwicklung$$

Da einige Anbieter von Datenbanken die Gebühren für Anfragen nach der Menge der dabei übertragenen Daten berechnen, erspart also eine logische Formel, die das Gesuchte möglichst treffgenau charakterisiert, unnötige Kosten.

Computer denken logisch

Neben diesen Anwendungen der Logik im und am Computer, gibt es seit vielen Jahren die Bestrebungen, dem Computer auch das Denken beizubringen. „Denken" betrachten wir hierbei einschränkend als das logisch richtige Verknüpfen von Gedanken, hier Aussagen. Neben den Grundlagen der Logik, die von Gottlob Frege bereitgestellt wurden, ist hierbei die Arbeit von Robinson [Robinson65] zu erwähnen, der für eine bestimmte Form logischer Formeln eine Beweistechnik entwickelt hat, den Widerspruchsbeweis mittels Resolution. Betrachten wir ein Beispiel: Die folgenden drei Aussagen beschreiben gemeinsam das Verhalten von Personen.

1. Schmidt verlässt das Haus nicht ohne Meier.
2. Wenn Lehmann oder Schmidt das Haus verlassen, so verlässt es Meier nicht.
3. Schmidt verlässt das Haus.

Logisch ist dies zu lesen als: Satz 1 und Satz 2 und Satz 3. Ist diese Beschreibung möglich? Enthält diese Beschreibung, diese Formel, einen Widerspruch? An der automatischen Analyse von Texten wird derzeit gearbeitet, will man doch zum Beispiel die vielen Meinungen von Kunden, die in E-Mails, Weblogs oder Foren geäußert werden, zu auswertbaren Aussagen verdichten. Für das Beispiel werden wir die Formeln manuell aus den Sätzen ableiten. In den folgenden Formeln steht S für „*Schmidt verlässt das Haus*", L und M analog. Damit erhalten wir:

1. „*Schmidt verlässt das Haus nicht ohne Meier*" wird in die Formel übersetzt: Wenn S, dann M. Unter Verwendung der logischen Operatoren ergibt sich: $S \to M$
2. „*Wenn Lehmann oder Schmidt das Haus verlassen, so verlässt es Meier nicht*" wird transformiert zu: Wenn L oder S, dann nicht M beziehungsweise: $(L \lor S) \to \neg M$
3. „*Schmidt verlässt das Haus*" wird wie oben beschrieben durch S dargestellt.

Nun können wir den Computer einsetzen und prüfen, ob hier ein Widerspruch vorliegt. Eine Formel $A \to B$ wird hierbei durch die logisch äquivalente Formel $\neg A \lor B$ ersetzt. Die gleiche Bedeutung der beiden Formeln kann man sich anhand einer Wertetabelle veranschaulichen.

Aus Satz 2: $(L \lor S) \to \neg M$ entsteht dabei die Formel

$$(\neg L \lor \neg M) \land (\neg S \lor \neg M),$$

die man nun als zwei (Teil-) Sätze interpretiert:

Satz 2a: $(\neg L \lor \neg M)$ und
Satz 2b: $(\neg S \lor \neg M)$.

Über einige weitere Zwischenschritte zeigt sich, dass sich sowohl M – „*Meier verlässt das Haus*" als auch $\neg M$ – „*Meier verlässt das Haus nicht*" ableiten lassen:

1. $\neg\, S \vee M$
2.a: $\neg\, L \vee \neg\, M$
2.b: $\neg\, S \vee \neg\, M$
3. S

Anmerkung: Aus der Verknüpfung der Formeln 1 und 3 mittels der sogenannten Resolution erhält man: M. Aus der Verknüpfung der Formel 3 mit 2b mittels Resolution erhält man dagegen: $\neg M$. In unserer zweiwertigen Logik ist das ein Widerspruch. Die oben beschriebene Situation ist somit nicht möglich. Mehr zur formalen Wissensdarstellung sowie zum Resolutionsbeweis findet der Leser in [Lämmel12].

Ein Computer kann also „*beurtheilbare Inhalte*" mechanisch miteinander verknüpfen und neue Aussagen abgeleiten. Das „Denken" wurde mittels der formalen Logik „mechanisiert" und kann dem Computer übertragen werden.

Geschäftsregeln – eine Anwendung der Logik von Frege

Nach der Jahrtausendwende ist das Wort *Business Rule* (Geschäftsregel) zu einem Schlagwort geworden. Viele große Unternehmen setzen *Business-Rules-Management-Systeme* ein, um flexibler als vorher auf Marktanforderungen reagieren zu können. Viele, fast schon persönliche, Tarife in der Telekommunikation oder bei einem Energieversorger, die sich zudem immer häufiger ändern, stellen hohe Anforderungen an die entsprechende Software. Immer neue, völlig anders strukturierte Tarife werden entwickelt, die von den IT-Systemen unterstützt werden müssen:

Was machen wir, wenn die Marketing-Abteilung einen neuen Tarif anbieten möchte, die benötigten Daten aber nicht von der aktuellen Software erfasst werden können?

Der Software-Entwickler erhält einen Auftrag, neue Komponenten werden entwickelt und programmiert, das neue System muss getestet werden. Ein langwieriger und kostenintensiver Prozess. Hier sind flexiblere Lösungen erforderlich.

In jedem Unternehmen existieren Regelungen für die ablaufenden Prozesse: für die Beschaffung, für die Vermarktung, für die Kundenbeziehungen oder für die Abrechnung.die Geschäftsregeln sind vorhanden, sie sind jedoch nicht einheitlich formuliert, sondern verbal in Arbeitsanweisungen, in Betriebsvereinbarungen, in staatlichen Regelungen festgehalten oder auch in IT-Systemen implementiert.

Die vorhandenen Regelungen werden nun mittels Geschäftsregeln explizit gemacht und damit einer automatisierten Verarbeitung zugeführt. Der Geschäftsregel-Ansatz geht davon aus, dass Festlegungen in Form von Wenn-Dann-Regeln beschrieben werden:

WENN Kunde   DANN auf Rechnung versenden.
WENN noch kein Kunde   DANN mit Nachnahme versenden.
WENN guter Kunde   DANN Rabatt gewähren.
WENN Umsatz im Jahr > 100 000   DANN guter Kunde.

Diese Regeln sind so nicht exakt genug, sie müssen weiter formalisiert werden, alle Variablen in einer Geschäftsregel sind hierbei allquantifiziert:

WENN X ist_Kunde   DANN auf_Rechnung=true.

Natürlich wird bei der Auswertung der Regeln auf vorhandene Datenbanken in den Unternehmen zurückgegriffen. Diese regelbasierte Wissensdarstellung ist eine alte Technik der künstlichen Intelligenz und wird heute eingebettet in moderne, graphisch interaktive Entwicklerwerkzeuge angeboten, siehe Abbildung 1.

Obwohl die regelbasierte Wissensverarbeitung bereits seit den 60er-Jahren des 20. Jahrhunderts bekannt ist, wird diese erst vierzig Jahre später in der Praxis verstärkt eingesetzt. Dafür gibt es zwei Gründe: Die Verarbeitung von Regeln durch eine Software ist nicht trivial. Die Auswahl geeigneter Regeln sowie die Verknüpfung der Regeln müssen so erfolgen, dass die Gesetze der Logik eingehalten werden. Zudem hat diese Verarbeitung sehr schnell zu erfolgen und es müssen durchaus mehrere 100 000 Regeln verarbeitet werden können. Die Hardware musste dazu erst leistungsfähig genug werden.

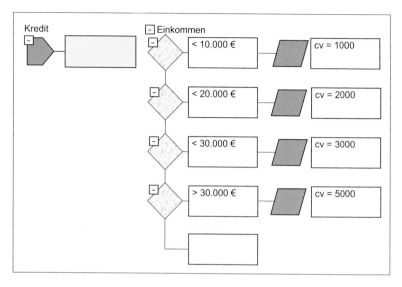

Abbildung 1: Graphischer Regel-Editor
Quelle: eigene Darstellung nach Visual Rules, www.visual-rules.de

Die zweite Schwierigkeit betrifft uns Menschen: Unsere Denkweise muss sich ändern: Tarife, Abläufe, Kundenbeziehungen; all das muss in Wenn-Dann-Regeln ausgedrückt werden. Hier sind neue Denkmuster gefragt. Nur dann kann der Vorteil dieser Regel-, somit Wissensverarbeitung voll genutzt werden. Der Vorteil ist hier: Man muss kein Programmierer sein, um Regeln aufstellen zu können.

Der Geschäftsregel-Ansatz wird insbesondere in großen Firmen in folgenden Bereichen eingesetzt:

• Preis- oder Tarifgestaltung,
• Arbeitsabläufe (Workflow),
• Kundenbeziehungen,
• Validierung und Verifizierung von Daten.

Die Referenzen auf den Seiten der Anbieter von Business-Rules-Management-Systemen lassen die vielfältigen Einsatzmöglichkeiten der regelbasierten Wissensverarbeitung erkennen:

• Finanzdienstleistung (Kreditvergabe, Bewertungen, Zinshöhe)
• Telekommunikationsunternehmen (Tarife)
• Reisebüro (Auswahl nach Kundenwünschen)

- Pensionsberechnung
- Produktionsplanung und -steuerung
- Marketing (Ebay)

Der Geschäftsregel- oder allgemein der regelbasierte Ansatz wird weitere Anwendungsbereiche finden. Die Verständlichkeit von Regeln sowie die Flexibilität der daraus erwachsenden Anwendungen sprechen dafür.

Fazit

Die formale Logik, die Frege vor über hundert Jahren entwickelt hat, ist nicht nur sehr lebendig sondern hochaktuell und praxisrelevant. Wissen auf dem Gebiet der Logik ist erforderlich, um die vielen Anwendungen mit Leben zu erfüllen. Zunehmend werden auch Berufsgruppen, wie Betriebswirte und Ingenieure damit konfrontiert, ihr Wissen in Form von Wenn-Dann-Regeln explizit auszudrücken.

Ein weiterer Beweis für die Bedeutung der von Frege entwickelten Logik ist, dass die Begriffsschrift von 1879 nunmehr bereits in der 6. Auflage einer 1964 erarbeiteten Neuauflage herausgegeben wird.

Die Ideen Freges sind lebendig, die von ihm begründete Logik finden wir in der Hard- und Software unserer Computer. Wir nutzen diese Logik in unserem Umgang mit dem Computer oder in unserem Alltag allgemein. Denken wir doch hin und wieder daran, dass es ein Wismarer war, der hier Entscheidendes geleistet hat.

Für alle diejenigen, die noch auf die Auflösung der Aufgabe warten oder das eigene Ergebnis überprüfen wollen: Richtig ist die Aussage: „Einige Wismarer sind schlau."

5. Frege und die Bedeutung von Sätzen

Bertram Kienzle

Das Jahr 1879 stellt eine Zäsur in der Geschichte der Logik dar. Bis dahin galt das Alte Testament: die *Ersten Analytiken* des Aristoteles. In jenem Jahr erschien das Neue Testament: die *Begriffsschrift* von Gottlob Frege. Darin macht dieser den ersten Schritt zur Begründung seiner Leib-und-Magen-These, dass sich alle Aussagen der Arithmetik rein logisch begründen lassen und deshalb nicht synthetisch, sondern analytisch sind. Dabei verwendet er eine Konzeption von Identität, wonach alle Gleichungen der Form „*a* = *b*" synthetisch sind, wenn die Terme „*a*" und „*b*" mit verschiedenen Bestimmungsweisen ein und desselben Gegenstandes zusammenhängen. Da mit den Termen „2^{10}" und „1024" verschiedene Bestimmungsweisen derselben Zahl verknüpft sind, müsste er die Gleichung „2^{10} = 1024" demzufolge als synthetisch klassifizieren. Diese Konsequenz verträgt sich jedoch nicht mit seinem Programm, die Arithmetik rein logisch zu begründen, und nötigt ihn, einen neuen Versuch zu machen, mit den Gleichungen erkenntnistheoretisch zu Rande zu kommen. Diesem Versuch verdanken wir seinen berühmten Aufsatz *Über Sinn und Bedeutung*, der gemeinhin als Beginn der modernen philosophischen Semantik gilt. So kommt es, dass wir deren Beginn auf das Erscheinungsjahr dieses Werkes, auf das Jahr 1892, datieren können.

Nach diesem Aufsatz muss die Gleichung „2^{10} = 1024" nicht mehr als synthetisch klassifiziert werden, sondern darf nunmehr als analytisch gelten. Dafür ist die Sinngleichheit ihrer Terme verantwortlich. Diese Erklärung muss zu Freges alter Einsicht passen, dass mit den Termen „2^{10}" und „1024" verschiedene Bestimmungsweisen bzw., wie er seit dem Aufsatz *Über Sinn und Bedeutung* sagt, Gegebenseinsweisen derselben Zahl verknüpft sind. Deshalb ist es immer wieder überraschend, die Gegebenseinsweisen des Bezeichneten mit dem Sinn des Zeichens

identifiziert zu finden [Thiel65, S. 46; Dummett73, S. 227; Shway-
der76, S. 95; Dummett81, S. 53; Kutschera89, S. 65; Mayer96, S. 106;
Kreiser01, S. 220]. Frege selbst hat nur ganz vorsichtig davon gesprochen, dass die Art des Gegebenseins im Sinn „enthalten" sei [FregeSuB,
S. 144]. Über die Natur dieses Enthaltenseins hat er sich allerdings
nirgendwo näher geäußert. Gleichwohl scheint das Motiv für die Vermeidung einer Gleichsetzung klar zu sein. Namen wie „Odysseus" oder
„Pegasus" haben zwar einen Sinn, aber da es in Wirklichkeit nichts gibt,
worauf sie sich beziehen, kann es auch keine Weise geben, in der ihre
Träger gegeben sind.

Freges Satzsemantik

Aus der Analyse seines berühmten Beispieles mit dem Abend- und
dem Morgenstern geht hervor, dass Frege nicht ins andere Extrem ver-
fallen ist und nun alle Gleichungen als analytisch betrachten muss.
Da nämlich die Bedeutung der Terme „der Abendstern" und „der
Morgenstern" (sprich: der jeweils bezeichnete Gegenstand) gleich, ihr
Sinn aber verschieden ist, drückt die Gleichung „der Abendstern = der
Morgenstern" eine synthetische Wahrheit aus. Und da die Gleichung
„$2^{10} = 1024$" zwei Terme enthält, die sowohl dasselbe bezeichnen als
auch denselben Sinn haben, kann er sie nunmehr als analytisch klassifizieren.

Mit dem Nachweis, dass die arithmetischen Gleichungen der Form
„a = b" analytisch sind, hat sich Frege davon überzeugt, dass seine
Identitätstheorie nicht mehr seinem Programm einer rein logischen
Begründung der Arithmetik im Wege steht. Damit könnte er seinen
Aufsatz *Über Sinn und Bedeutung* eigentlich beenden. Doch das tut er
nicht. Warum nicht? Warum beschäftigt er sich außer mit Sinn und
Bedeutung von Termen auch noch mit Sinn und Bedeutung von Be-
hauptungssätzen? Dafür bieten sich zwei Erklärungen an:

1. Erklärung
Frege diskutiert seine Unterscheidung von Sinn und Bedeutung
in Bezug auf Eigennamen. Dazu gehören für ihn aber nicht nur
Terme, wie wir sie bislang betrachtet haben – also solche, die für ein
Einzelding stehen können –, sondern auch ausgewachsene Behaup-

tungssätze. Würde er letztere ausklammern, wäre seine Behandlung von Sinn und Bedeutung unvollständig.

Aber die Behandlung von Sinn und Bedeutung wäre nicht weniger unvollständig, wenn er die Semantik von Begriffs- bzw. allgemeiner von Funktionswörtern wie „Planet" oder „plus" aussparen würde. Doch dieses Thema hat er in seinem Aufsatz *Über Sinn und Bedeutung* ganz ignoriert. Dieser erste Erklärungsversuch vermag mich deshalb nicht zu befriedigen. Überzeugender scheint mir die folgende

2. Erklärung
Die Behandlung der Semantik von Behauptungssätzen erlaubt es Frege, sein propositionales Zusammenhangsprinzip auf eine solide Grundlage zu stellen.

Nach diesem Prinzip, das er in der *Begriffsschrift* [FregeBS, §9] eher beiläufig verwendet und erst in den *Grundlagen der Arithmetik* [FregeGLA, Einleitung, §60, §62, §106] für alle Satzteile vorgeschrieben hat, hat ein Satzteil genau dann Sinn bzw. Bedeutung, wenn er im Zusammenhang eines sinn- bzw. bedeutungsvollen Satzes vorkommt. Nun sind auch Sätze mögliche Satzteile. Deshalb muss auch nach deren Sinn und Bedeutung in einem Satzzusammenhang gefragt werden. Damit scheinen wir in einer Endlosschleife gefangen. Denn wenn wir nach Sinn bzw. Bedeutung des Satzes A fragen, so scheinen wir einen ihn umfassenden Satz B angeben zu müssen, um diese Frage beantworten zu können. Aber auch in Bezug auf B lässt sich wieder nach Sinn und Bedeutung fragen und so weiter ohne Ende. Um aus dieser Schleife herauszukommen, könnte man sich überlegen, bei Sätzen nicht mehr nach Sinn und Bedeutung im Satzzusammenhang zu fragen, sondern die Bezugseinheit zu wechseln und Sätze im Zusammenhang von Sprachspielen zu betrachten, wie es z. B. Wittgenstein in seinen späteren Jahren getan hat. Doch werfen nicht auch Sprachspiele wieder die Frage nach Sinn und Bedeutung auf? Und in Bezug worauf sind sie diesmal zu beantworten? In Bezug auf umfassendere Sprachspiele?

So wird man am Ende zu der Frage geführt, ob es denn nichts gibt, was, so wie es ist, Sinn und Bedeutung hat. An genau dieser Stelle setzt Frege mit seiner Behandlung der Semantik von Behauptungssätzen ein:

Bisher sind Sinn und Bedeutung nur von solchen Ausdrücken, Wörtern, Zeichen betrachtet worden, welche wir Eigennamen genannt haben. Wir fragen nun nach Sinn und Bedeutung eines ganzen Behauptungssatzes. [FregeSuB, S. 148]

Wichtig, ja alles entscheidend an dieser Stelle sind die Worte „eines ganzen Behauptungssatzes". Frege hätte stattdessen auch sagen können „eines selbständigen Behauptungssatzes" [FregeSuB, S. 155: „in einem selbständigen Hauptsatze"] oder „eines vollständigen Behauptungssatzes" [FregeSuB, S. 159: „daß der Nebensatz wegen eines darin nur unbestimmt andeutenden Bestandteils unvollständig ist"]. Aber was heißt hier „ganz" bzw. „selbständig" oder „vollständig"? Und warum ist das so wichtig?

In §22 seiner *Philosophischen Untersuchungen* hat Wittgenstein die Rolle der Vollständigkeit des Satzzusammenhanges für das Verständnis der Bedeutung folgendermaßen erklärt:

Das Fregesche Behauptungszeichen betont den *Satzanfang*. Es hat also eine ähnliche Funktion wie der Schlußpunkt. Es unterscheidet die ganze Periode vom Satz *in* der Periode. Wenn ich Einen sagen höre „es regnet", aber nicht weiß, ob ich den Anfang und den Schluß der Periode gehört habe, so ist dieser Satz für mich noch kein Mittel der Verständigung.

Denn es könnte ja einer gesagt haben „Der Wetterbericht sagt für morgen vorher, dass es regnet", und dann hätte ich den Anfang des Satzes nicht gehört; er könnte aber auch gesagt haben „es regnet nicht", und dann hätte ich eben den Schluss nicht gehört. Dieser Beobachtung Wittgensteins zufolge sind also Sätze von jener Art, die Frege in seiner *Begriffsschrift* durch die Voranstellung des Behauptungszeichens kennzeichnet, als vollständig zu betrachten. Gestützt auf diese Beobachtung, lässt sich nun erklären, warum Frege geschrieben hat „Wir fragen nun nach Sinn und Bedeutung eines *ganzen* Behauptungssatzes." Zwar können auch „unselbständige" oder „unvollständige" Sätze Sinn und Bedeutung haben, aber nur bei ganzen Sätzen muss man keinen umfassenderen Satzzusammenhang berücksichtigen, in Bezug auf den sich die Frage nach ihrem Sinn und ihrer Bedeutung beantworten lässt. Vollständige Sätze – so die Idee – sind so, wie sie sind, verständlich,

d. h. man kann sagen, welchen Sinn und welche Bedeutung sie haben, *ohne den umgebenden sprachlichen Kontext berücksichtigen zu müssen.* Worin bestehen nun Sinn und Bedeutung eines ganzen Behauptungssatzes? Es bereitet Frege keine Mühe vorzuführen, dass der Gedanke, der in einem solchen Satz enthalten ist, nicht dessen Bedeutung sein kann; „vielmehr", so Frege, „werden wir ihn als den Sinn aufzufassen haben." [FregeSuB, S. 148] Um sodann die Bedeutung eines ganzen Satzes zu bestimmen, überlegt er sich, ob wir überhaupt nach ihr fragen dürfen. So habe z. B. der Satz „Odysseus wurde tiefschlafend in Ithaka ans Land gesetzt" einen Sinn, aber da der Name „Odysseus" sich auf nichts beziehe und folglich keine Bedeutung habe, sei fraglich, ob der ganze Satz eine habe. Jedenfalls verliere ein Gedanke an Wert, sobald wir bemerkten, dass zu einem seiner Teile die Bedeutung fehle. Der Gedanke, der in einem Satz ausgedrückt werde, genüge uns nicht mehr, sobald wir auf die Wahrheit Wert legten. Die Wahrheit als Wert – das ist die Pointe, auf die Freges Überlegungen zulaufen (vgl. [Gabriel84]); und nachdem er sie gesetzt hat, schließt er die beiden Begriffe *Wahrheit und Wert* kurz, indem er sagt:

> So werden wir dahin gedrängt, den *Wahrheitswert* eines Satzes als seine Bedeutung anzuerkennen. [FregeSuB, S. 149]

Unter dem Wahrheitswert eines Satzes versteht Frege „den Umstand, daß er wahr oder falsch ist" [FregeSuB, S. 149]. Weitere Wahrheitswerte erkennt er nicht an, weshalb man von einer zweiwertigen Semantik sprechen könnte; gebräuchlicher ist allerdings die Rede von einer zweiwertigen Logik.

Freges Lehre von der indirekten Rede

Im Folgenden möchte ich Freges Semantik von Behauptungssätzen in ein Gebiet hinein verfolgen, das zwar auch von ihm betreten worden ist, dessen Probleme ihn aber am Ende zu einer tiefgreifenden Revision nicht nur seiner ersten Gehversuche, sondern sogar seiner Konzeption von Gedanken hätten veranlassen müssen. Mit den Worten

Es soll nun die Vermutung, daß der Wahrheitswert eines Satzes dessen Bedeutung ist, weiter geprüft werden. [FregeSuB, S. 151]

beginnt Frege eine intensive Untersuchung aller möglichen Arten von Nebensätzen, um zu klären, inwieweit deren Bedeutung ein Wahrheitswert und deren Sinn ein Gedanke ist. Statt mich jedoch mit den Details seiner zum Teil verwickelten Argumentationen zu befassen, möchte ich mich lieber auf ein einziges Problem konzentrieren: auf das Problem der indirekten Rede, das für meine Begriffe zu den faszinierendsten semantischen Problemen überhaupt gehört.

Es tritt beispielsweise immer dann auf, wenn man das, was ein anderer denkt (glaubt, meint, hofft usw.) oder was er sagt (behauptet, erzählt usw.), mit eigenen Worten wiedergeben möchte. Angenommen, Neander Tal weiß, dass die Hauptstadt von Nicaragua nicht in Argentinien liegt. Nun frage ich ihn, ob Managua in Argentinien liegt, und er sagt „Ja". Dann darf ich behaupten:

Neander Tal sagt, dass Managua in Argentinien liegt.

Nun ist zwar Managua die Hauptstadt von Nicaragua; aber das gibt mir noch lange nicht das Recht, das Folgende zu behaupten:

Neander Tal sagt, dass die Hauptstadt von Nicaragua in Argentinien liegt.

Denn wenn ich Neander Tal gefragt hätte, ob die Hauptstadt von Nicaragua in Argentinien liegt, so hätte er auf Grund seines Wissens, dass Nicaragua nicht mit Argentinien identisch ist, sicher „Nein" gesagt.

An diesem Beispiel fällt auf, dass das Leibnizsche Ersetzbarkeitsprinzip verletzt zu sein scheint. Denn nach diesem Prinzip darf ich von der Gleichung

$$x = y$$
(Managua ist die Hauptstadt von Nicaragua)

und einem Satz

$$[\ldots] \, x \, [\ldots]$$
(Neander Tal sagt, dass Managua in Argentinien liegt),

der den Term „x" („Managua") enthält, auf den Satz

[...] y [...]
(Neander Tal sagt, dass die Hauptstadt von Nicaragua in Argentinien liegt)

schließen, in welchem der Term „x" (an einer, mehreren oder allen Stellen) durch den Term „y" ersetzt worden ist. Das Versagen der Ersetzbarkeit wird daher für gewöhnlich als logischer Anhaltspunkt für das Vorliegen des Phänomens der indirekten Rede gewertet. Eine Alternative zu dieser Wertung bestünde darin, das Leibnizsche Ersetzbarkeitsprinzip unangetastet zu lassen und zu bestreiten, dass der Satz „Managua ist die Hauptstadt von Nicaragua" die absolute Identität, die wir im Gleichheitszeichen denken, zum Ausdruck bringe. Die Verschiedenheit der Wahrheitswerte von

Neander Tal sagt, dass Managua in Argentinien liegt

und

Neander Tal sagt, dass die Hauptstadt von Nicaragua in Argentinien liegt

kann als ein Indiz dafür gewertet werden, dass Managua und die Hauptstadt von Nicaragua eben nicht absolut, sondern nur relativ identisch sind. Bei relativen Identitäten wie etwa im Falle von

Der alte Sokrates ist derselbe Mensch wie der junge Sokrates

ist das Versagen der Leibnizschen Ersetzbarkeit nämlich an der Tagesordnung. Denn aus dieser Identitätsaussage und aus

Der alte Sokrates hat den Schierlingsbecher getrunken

kann man in der Tat nicht auf

Der junge Sokrates hat den Schierlingsbecher getrunken

schließen. Doch welche relative Identität haben wir in

Managua ist die Hauptstadt von Nicaragua

vor uns? Diesem Satz ist nicht zu entnehmen, welches Begriffswort wir
in die Leerstelle von „Managua ist dasselbe … wie die Hauptstadt von
Nicaragua" einzusetzen haben, um zu einer relativen Identitätsaussage
über Managua zu kommen.

Doch vielleicht ist ja der Satz „Managua ist die Hauptstadt von Nicaragua" weder eine absolute noch eine (verkappte) relative Identitätsaussage. Nach Bertrand Russells Theorie der definiten Beschreibung
[Russell05a] stellt er eine Existenzquantifikation dar, die wie folgt
formuliert werden kann:

> Es gibt etwas, das eine Hauptstadt von Nicaragua ist, und alles, was
> eine Hauptstadt von Nicaragua ist, ist damit (absolut) identisch,
> und Managua ist dieses Etwas.

Freges eigene Analyse unseres Beispiels sieht oder besser – da es ja
nicht von ihm stammt – sähe so aus:

1. syntaktische Analyse:
   Die Antwort, die Neander Tal mir auf die Frage, ob Managua in
   Argentinien liegt, gibt, erfolgt in ganz gewöhnlicher Rede. Wenn
   ich seine Antwort mit dem Wort „Ja" wiedergebe, so verwende ich
   die gerade Rede – so Freges wörtliche Übersetzung des lateinischen
   Fachausdrucks „oratio recta".
   Wenn ich aber das, was Neander Tal damit gesagt hat, in die Worte „Neander Tal sagt, dass Managua in Argentinien liegt" kleide, so
   gebe ich es in ungerader Rede wieder – so Freges wörtliche Übersetzung des lateinischen Fachausdrucks „oratio obliqua".

2. semantische Analyse:
   In der gewöhnlichen Rede haben die Wörter ihre gewöhnliche Bedeutung und ihren gewöhnlichen Sinn. In der geraden, sprich: direkten,
   Rede bedeuten die eigenen Worte „zunächst die Worte des andern,
   und erst diese haben die gewöhnliche Bedeutung" [FregeSuB, S. 145]
   und den gewöhnlichen Sinn, und nun Frege wörtlich:

In der ungeraden Rede spricht man von dem Sinne z. B. der Rede
eines andern. Es ist daraus klar, daß auch in dieser Redeweise
die Worte nicht ihre gewöhnliche Bedeutung haben, sondern das
bedeuten, was gewöhnlich ihr Sinn ist. [FregeSuB, S. 145]

Das ist freilich nur die einfachste Art der Verwicklung, in die man
durch die indirekte Rede gerät. Denn angenommen, ich frage nun
Tals Frau, ob sie gehört hat, was ihr Mann mir geantwortet hat, und
sie sagt „Ja", dann darf ich behaupten:

Tals Frau hat gehört, dass Neander Tal gesagt hat, dass Managua in
Argentinien liegt.

Nun ist jedoch, wie gesagt, Managua die Hauptstadt von Nicaragua.
Aber das gibt mir noch lange nicht das Recht, das Folgende zu behaupten:

Tals Frau hat gehört, dass Neander Tal gesagt hat, dass die Hauptstadt von Nicaragua in Argentinien liegt.

Denn das hat Neander Tal nicht gesagt, und auf Grund des Wissens,
mit dem wir ihn ausgestattet haben, weiß er, dass die Hauptstadt von
Nicaragua nicht in Argentinien liegt, so dass er es bestimmt auch nicht
gesagt hätte. Und Tals Frau hätte es auf Grund ihres Wissens über das,
was ihr Mann weiß, sicher auch nicht gesagt.
    Wie sieht die Analyse dieses letzten Beispieles aus? Die syntaktische
Analyse ist mehr oder minder klar. In dem Nebensatz „dass Neander
Tal gesagt hat, dass Managua in Argentinien liegt" haben wir einen
Fall von indirekter Rede; in ihr gebe ich die Antwort von Tals Frau
wieder. Neu ist, dass in dieser Rede der Nebensatz „dass Managua in
Argentinien liegt" vorkommt, der ebenfalls eine indirekte Rede darstellt; denn er gibt die Antwort von Neander Tal wieder. Wir haben
also in deren Wiedergabe eine indirekte Rede, die in eine indirekte
Rede eingebettet ist. In solchen Fällen könnten wir von der eingebet-
teten indirekten Rede sagen, sie sei eine indirekte Rede 2. Grades; und
von dem Nebensatz, in den diese Rede 2. Grades eingebettet ist, könnten wir sagen, er sei eine indirekte Rede 1. Grades.

Die semantische Analyse ist weitaus schwieriger. Es ist wenig bekannt, dass Frege selbst eine solche Analyse – wenn auch nur ansatzweise – versucht hat. Sie findet sich in seinem Brief an Bertrand Russell vom 28.12.1902 [FregeWB, S. 236]. Frege spricht dort in einem ähnlich komplizierten Fall davon, dass die Worte in der indirekten Rede 2. Grades die indirekte Bedeutung 2. Grades und die Worte in der indirekten Rede 1. Grades die indirekte Bedeutung 1. Grades haben. Welchen Sinn die Worte in der indirekten Rede 2. Grades haben, hat er allerdings offen gelassen.

Gemeinsamer Glaube

Nachdem wir uns einen ersten Eindruck von den syntaktischen und semantischen Problemen der indirekten Rede 2. Grades verschafft haben, wollen wir noch einmal auf den 1. Grad zurückkommen. Denn bevor wir uns in der schnell zunehmenden Komplexität der höheren Grade verlieren, sollten wir erst einmal den Überblick über die im 1. Grad verborgenen Probleme vervollständigen.

1. Angenommen, ich frage den Brasilienfan Joachim Neander, woher der nächste Fußballweltmeister kommt, und bekomme zur Antwort: „Aus Südamerika". Dann darf ich behaupten: „Joachim Neander glaubt, dass der nächste Fußballweltmeister aus Südamerika kommt."

2. Weiter angenommen, ich frage auch den Argentinienfan Michail Tal, woher der nächste Fußballweltmeister kommt, und bekomme zur Antwort: „Aus Südamerika". Dann darf ich behaupten: „Michail Tal glaubt, dass der nächste Fußballweltmeister aus Südamerika kommt."

Glauben Joachim Neander und Michail Tal dasselbe? Offenbar nicht, wenn der eine in Brasilien und der andere in Argentinien den nächsten Fußballweltmeister sieht. Dieser Unterschied geht verloren, wenn wir das, was Joachim Neander und Michail Tal glauben, mit Hilfe des Satzes „der nächste Fußballweltmeister kommt aus Südamerika" ausdrücken. Wir müssen uns also vor der unbedachten Annahme hüten, der folgende Bedingungssatz sei wahr:

> Joachim Neander und Michail Tal glauben dasselbe, wenn Joachim Neander und Michail Tal glauben, dass der nächste Fußballweltmeister aus Südamerika kommt.

Nun gibt es jedoch durchaus eine Möglichkeit, diesen Bedingungssatz als wahre Aussage zu deuten. Dazu dürfen wir das „und" im „wenn"-Teil allerdings nicht als das der aussagenlogischen Konjunktion verstehen. Denn wie wir eben gesehen haben, sind zwar die beiden Sätze

> Joachim Neander glaubt, dass der nächste Fußballweltmeister aus Südamerika kommt

und

> Michail Tal glaubt, dass der nächste Fußballweltmeister aus Südamerika kommt

und damit deren aussagenlogische Konjunktion

> Joachim Neander glaubt, dass der nächste Fußballweltmeister aus Südamerika kommt, und Michail Tal glaubt, dass der nächste Fußballweltmeister aus Südamerika kommt

nicht aber der Satz

> Joachim Neander und Michail Tal glauben dasselbe

wahr; denn der eine sieht ja in Brasilien und der andere in Argentinien den nächsten Fußballweltmeister. Wenn unser Bedingungssatz wahr sein soll, dürfen wir das „und" in „Joachim Neander und Michail Tal glauben, dass der nächste Fußballweltmeister aus Südamerika kommt" nicht wie das der aussagenlogischen Konjunktion verstehen, sondern müssen es wie das „und" in dem Satz

Haydn, Mozart und Beethoven sind das Dreigestirn der Wiener Klassik

deuten. Dieses zweite „und" formt aus den Ausdrücken, die es verbindet, die Bezeichnung für eine Gruppe. Erst recht ist das „und" in „Joachim Neander und Michail Tal glauben dasselbe" im Sinne dieses kollektiven „und" zu deuten [vgl. FregeGLA, §38, S. 52]; freilich ist hier auch kaum eine andere Deutung möglich.

Als Ergebnis dieser Überlegungen können wir festhalten, dass wir zwischen dem, was einzelne Individuen glauben, und dem, was Gruppen glauben, unterscheiden müssen. Wir können also nicht einfach von „den" Gedanken sprechen, sondern müssen zwischen den Gedanken Joachim Neanders, denen Michail Tals und denen der Gruppe aus Joachim Neander und Michail Tal unterscheiden. Erst durch die Relativierung der Gedanken und damit der Sinne von Behauptungssätzen auf die denkenden bzw. sprechenden Subjekte können wir hoffen, den Phänomenen der indirekten Rede gerecht zu werden.

Zusammenfassung

Frege hat im Wahrheitswert eines vollständigen Behauptungssatzes dessen Bedeutung und in dem darin ausgedrückten Gedanken dessen Sinn gesehen. Seine Analyse der indirekten Rede führte ihn dazu, je nach Einbettungstiefe eines Nebensatzes verschiedene Grade von Indirektheit anzunehmen. Den niedrigsten Grad analysierte er dahingehend, dass die Bedeutung eines Behauptungssatzes dieses Grades in dem Gedanken bestehe, den dieser in ganz gewöhnlicher Rede ausdrücke. Dabei legte er eine Konzeption von Gedanken zugrunde, wonach diese „zwar nicht mehr subjektiv wie die Vorstellung[en], aber doch auch nicht der Gegenstand selbst" sind [FregeSuB, S. 146]. Ihr Unterschied zu den Vorstellungen bestehe darin, dass sie keines Trägers bedürfen, sondern „gemeinsames Eigentum von vielen" und „also nicht Teil oder Modus der Einzelseele" sein könnten [FregeSuB, S. 146].

Nun kann sich der Glaube, den wir mit ein und demselben Satz zusprechen, von Individuum zu Individuum, von Individuum zu Gruppe und selbstredend auch von Gruppe zu Gruppe unterscheiden.

Dieses Phänomen erfordert eine Revision von Freges Konzeption der Gedanken und damit auch dessen, was er bei Behauptungssätzen unter Sinn versteht, und berührt insoweit auch seine Semantik der indirekten Rede. Doch da er sich die Klärung der Natur der Zahlen bzw. der Arithmetik zum Ziel gesetzt hatte, was mit der indirekten Rede wenig zu tun hat, ist er auf die Ausarbeitung von deren Semantik gar nicht angewiesen. Die erkenntnistheoretischen Probleme aber, die sich in der *Begriffsschrift* aus der semantischen Behandlung der Gleichungen ergeben hatten, hat er mit seinem Aufsatz *Über Sinn und Bedeutung* auf Maßstäbe setzende Weise gelöst.

6. Die Freges aus Wismar

Lothar Kreiser

Zuzug und soziale Wirkungsfelder

Anlässlich der 2. Internationalen Frege-Konferenz im September 1984, veranstaltet durch die Friedrich-Schiller-Universität Jena, wurde der Turnplatz in „Gottlob-Frege-Platz" umbenannt. Das war ohne Zweifel keine glückliche Wahl, aber immerhin die erste offizielle Würdigung ihres bis heute wohl größten Sohnes durch die Stadt Wismar, der über ihren Bürgermeister Anton Johann Friedrich Haupt (1800–1835) als regionale und über den Historiker Friedrich Christoph Dahlmann (1785–1869) als nationale Persönlichkeit hinaus internationale Bedeutsamkeit erlangte. Wie sehr die Erinnerung an die Freges in Wismar verblasst war, erhellt ein verbürgtes Erlebnis eines westdeutschen Teilnehmers der Konferenz. Ein älteres Ehepaar bemerkte am Morgen der Namensumbenennung die soeben angebrachte neue Platzbezeichnung. Es blieb stehen, beide lasen und versuchten offensichtlich eine Erinnerung mit diesem Namen zu verbinden. Schließlich sagte der Mann dann zu seiner Frau: „Frege?! Da wird wohl einem Antifaschisten eine späte Ehrung zuteil."

Erinnerung setzt Kontinuität voraus. Wie kann man nach einer solchen Umwälzung aller Bevölkerungsschichten einer Stadt, wie sie nach dem 2. Weltkrieg stattfand, eine solche Kontinuität noch erwarten?

Vielleicht fiel den damaligen Stadtverordneten die Auswahl gerade dieses Platzes so leicht, weil dort 1907 in einem Neubau das Lyzeum und das Oberlyzeum der Stadt untergebracht worden waren. Beider Vorgängereinrichtung war die 1883 gegründete höhere städtische Töchterschule, deren Gründung wiederum das Ende der ehemaligen Fregeschen höheren Töchterschule (zusammen mit noch zwei anderen

Privatschulen dieser Art) war. Die höhere städtische Töchterschule war
in den ersten Jahren ihres Bestehen in der Böttcherstr. 2 untergebracht
gewesen, dem Haus der Fregeschen Privatschule.

Die Auflösung der Privatschulen durch die Gründung einer städtischen Schuleinrichtung spiegelt auch einen Wandel in der sozialen
Struktur und der ökonomischen Entwicklung der Stadt wider, der
Ende der siebziger, Anfang der achtziger Jahre des 19. Jahrhunderts
mit der Ansiedlung der großen Industrie seinen sichtbarsten Ausdruck
fand. Das Wismar, das Frege in seiner Kindheits- und Jugendzeit erlebte und das Wismar, das er nach seiner Emeritierung aus dem Lehr-
amt an der Friedrich-Schiller-Universität Jena durchschritt, wären ihm
einander fremd erschienen, wenn er nicht seine lehrfreien Sommerwo-
chen genutzt hätte, von Jena aus nach Wismar zu wandern. Wandel
wird durch kontinuierliches Miterleben erträglicher.

Im Vergleich mit Rostock blieb dabei zwar Wismar vor allem durch
seine ungünstigen Anschlüsse an das deutsche Eisenbahn- und Stra-
ßennetz zurück, aber gerade die Bestrebungen um bessere Anschlüsse
waren verbunden gewesen mit dem energischen Bemühen, die Fesseln
eines lokalen Binnenhandelsraumes allein nur mit dem Herzogtum
Mecklenburg-Schwerin als festem Hinterland und dem dadurch nur
regional stimulierten Handelsinteresse abzustreifen. Auf dem ein-
fachen Warenaustausch, mehr und mehr durch die Großproduktion
und den Welthandel auf moderner technischer Basis bedrängt – Wismar hatte seiner geologischen Hafenbedingungen wegen zu lange
auf die Segelschifffahrt gesetzt –, ruhte durch die Jahrhunderte der
Reichtum der Wismarer Kaufleute und gab auch dem Handwerk eine
Existenzgrundlage. Über große Kapitalien verfügten beide sozialen
Schichten nie, und so beschränkten sich ihre politischen Aktivitäten
auf die gesetzgeberische Sicherung ihrer städtischen Privilegien, die
sie nach innen und nach außen in zunehmenden Verstrickungen und
Konflikten zu wahren suchten. 1862, um ein Beispiel aus Gottlob Freges Kindheitszeit zu nennen, gewann die Stadt einen Prozess mit dem
Land Mecklenburg-Schwerin, demzufolge im Bannkreis der Stadt keine Handwerksbetriebe ansässig werden durften. Wie aber sollte sich
in der Stadt selbst Industrie entwickeln, wenn bis in die Mitte der
sechziger Jahre des 19. Jahrhunderts die Erhaltung und Bewachung
der Stadtmauern erforderlich war, damit die bis dahin von der Stadt
erhobenen Akzisen auf den gesamten Warenverkehr nicht gefährdet

wurden? Vorausschauende Ratsherren und andere Bürger der Stadt haben gegen diese konservative Politik mit Reformen, so etwa der Bürgermeister Haupt, oder mit zukunftweisenden Neuerungsbestrebungen geantwortet, so auch die Freges in Wismar.

Die Familien Frege

Ihr Wirken beginnt mit Christian Samuel Louis Frege (1780–1855)[1]. Er entstammt einer deutschen Kaufmannsfamilie aus Marseille (Frankreich). Sein Vater, Christian Abraham Frege (1744–1781), ist ein Sohn des Leipziger Bankhausgründers Christian Gottlob Frege (1715–1781, siehe Abbildungen 1 und 2). Die Erweiterung des Wirkungsbereiches eines Bankhauses durch gezielten Ortswechsel von Familienmitgliedern des Bankhausbesitzers war schon im Frühkapitalismus selbstverständliche Praxis. Zusammen mit seinem Bruder, von dem noch die

Abbildung 1: Christian Abraham Frege

Rede sein wird, geht Louis Frege von Marseille nach Hamburg und wird dort als Kaufmann tätig. Auch als Gewinnanlage erwirbt er das Gut Fahren bei Wismar, das sein Wohnsitz wird. Louis Frege war ein Kenner des sich herausbildenden industriellen Welthandels mit seinen Folgen auch für die Ostseeschifffahrt durch die Verlagerung des Handelsschwerpunktes an die Nordsee- und Atlantikküste. Er machte sich in einer solchen Weise um den Eisenbahnanschluss Wismars verdient, dass ihm auf Antrag des Ausschusses Ehrliebender Bürgerschaft hin am 9.3.1845 die Ehrenbürgerschaft Wismars verliehen wurde. Der zwischen 1835 und 1844 verfolgte Plan, Wismar durch eine Bahnstrecke mit Boizenburg zu verbinden, um sowohl einen direkten Anschluss an das Hannoverische Eisenbahnnetz als auch an die Elbschifffahrt zu erhalten, schlug jedoch fehl. Der politische Sonderstatus von Wismar, der sich aus dem

Nachkommen von Christian Abraham Frege 1744 – 1781
Sohn des Bankherrn
Christian Gottlob Frege 1715 – 1781 in Leipzig
(sofern sie in Wismar begraben sind)

Christian Abraham Frege

Christian Gottlob Emanuel Frege
Kaufmann in Hamburg
1779 – 1811; verh. Henriette Charlotte
geb. Prinz (? – 1834)

Christian Samuel Louis Frege
Kaufmann und Gutsbesitzer
1780 – 1855; verh. Caroline Amalie
geb. Prinz (1785 – 1876)

Carl Alexander Frege
Begründer einer höheren
Mädchenschule in Wismar
1809 – 1866;
verh. Auguste Wilhelmine Sophia
geb. Bialloblotzky (1815 – 1898)

Pauline Frege
1808 – 1886; verh. Carl
Johann Friedrich Kniep
Arzt in Wismar
(1795 – 1848)

Cäsar Emanuel Frege
Gymnasiallehrer in Wismar
1802 – 1874;
verh. Louise Johanna,
geb. Kneser (1808 – 1880)

**Friedrich Ludwig
Gottlob Frege**
1848 – 1925; verh. Margarete
KatharinaSophia
geb. Lieseberg (1856 – 1904)

Louise Frege
1838 - 1915; verh. Bernhard Fabricius
Amtshauptmann in Güstrow (1834 – 1906)

**Maria Dorothea
Hermine Marta
Fabricius**
(1872 – 19 ?)

**Anna Wilhelmine Luise
Fabricius**
(1869 – 1890)

Christian Gottlob Emanuel Frege
Bankdirektor und Rechtsanwalt in Wismar
1832 – 1912; verh. Dorothea Maria Anna
geb. Vorast (1838 – 1904)

**Pauline Auguste Louise
Klara Hedwig Frege**
1876 – ?; verh. Friedrich
Pfenningsdorf, Bürgermeister
in Kröpelin

**Anna Amalie Charlotte
Henriette Frege**
1963 – 1890; verh. Adolf
Christian Theodor Johannes
Georg Goetze, Arzt in Wismar
(1863 – 1890)

**Louise Agnes Helene
Ida Frege**
1865 – 1889; verh. Hans
Oldenburg, Rechtsanwalt in
Wismar (1852 – 1931)

Abbildung 2: Stammbaum der Familien Frege in Wismar

Malmöer Pachtvertrag aus dem Jahre 1803 ergab, hat gewiss bei der Planung des Verkehrsnetzes bis in die Zeit der Reichsgründung hinein eine nicht unerhebliche Rolle gespielt; es genügte dem feudalständisch regierten Land Mecklenburg-Schwerin, Wismar den Schweden als militärischen Stützpunkt entzogen zu haben.

Der erwähnte Bruder von Louis Frege, Christian Emanuel Frege (1779–1811), war Konsul und Kaufmann in Hamburg. Er verstarb auf einer Geschäftsreise nach Dresden. Zwei seiner Söhne wurden Bürger der Stadt Wismar. Der eine, Dr. phil. Caesar Emanuel Frege (1802–1874), wird 1828 Gymnasiallehrer an der Großen Stadtschule zu Wismar, der andere, ihm etwas später nach Wismar folgend, ist Carl Alexander Frege (1809–1866), der Vater von Friedrich Ludwig Gottlob Frege. Alexander Frege gründete und leitete eine höhere Töchterschule in Wismar. Louis Frege hatte auf die wirtschaftliche Entwicklung der Stadt gesetzt und deshalb auch die Ansiedlung weiterer Familienmitglieder gefördert.

Die Freges waren ein weitverzweigter, besonders über Mitteldeutschland verteilter Familienverbund. Ihre genealogischen Linien gehen von Christian Frege (1655–1731) aus, der Bürger von Neuruppin war und dort als Tuchmacher tätig war. Hier nur ein kleiner, am Ende wieder nach Wismar führender Ausschnitt. Magister Christian Frege (1682–1753), ein Sohn des Neuruppiner Christian Frege, war Pfarrer in Lampertswalde bei Oschatz in Sachsen. Ein Sohn von ihm, Christian Gottlob Frege (1715–1781), gründete das Bankhaus Frege in Leipzig, das bis 1946 bestand. Von einem seiner Söhne, Christian Abraham Frege, wurde schon weiter oben gesagt, dass er Kaufmann in Marseilles war. Ein Urenkel des Leipziger Bankhausgründers ist der Leipziger Jurist Prof. Dr. Arnold Woldemar von Frege-Weltzin (1846–1916), der von 1898 bis 1901 Vizepräsident des Deutschen Reichstages war. Ein Sohn von Ernst Moritz Arndt, Carl Moritz Arndt, Forstmeister in Trier, heiratete 1821 Clementine Helbig, deren Urgroßvater mütterlicherseits der Lampertswalder Pfarrer Christian Frege ist. Clementine Helbig ist eine Tochter des mit Auguste Caroline Frege verheirateten Kantors Georg Lebrecht Helbig (1767–1841). Eine Enkelin von Caroline und Lebrecht Helbig heiratete 1893 Hans von Seeckt, später Generaloberst und Chef der Deutschen Heeresleitung in der Weimarer Republik. Eine andere (adoptierte) Enkelin von ihnen heiratete in die Familie von Stülpnagel ein, und so besteht auch eine Verwandtschaftslinie zu General Heinrich von Stülpnagel, der im Zusammenhang mit dem missglückten Attentat vom 20.7.1944 auf Hitler als Mitverschwörer am 30.8.1944 hingerichtet wurde. Dass unser Logiker und Mathematiker Gottlob Frege mit dem Ende der siebziger Jahre des 19. Jahrhunderts in Jena ansässig werdenden Hermann Pohle, dem Besitzer der vormals „Frommanschen Buchdruckerei", „um drei Ecken" verwandt ist (nämlich zurückgehend auf Johanne Christiane Frege (1731–1767), eine Tochter des Lampertswalder Pfarrers Christian Frege), dürfte beiden zunächst gar nicht bekannt gewesen sein. Freges Studie „Die Grundlagen der Arithmetik. Eine logisch-mathematische Untersuchung über den Begriff der Zahl" erscheint 1884 in einem Breslauer Verlag. Der Hermann Pohle Verlag, weitergeführt vom Sohn Wilhelm Pohle, bringt 1893 den 1. Band von Gottlob Freges Hauptwerk „Grundgesetze der Arithmetik, begriffsschriftlich abgeleitet" heraus, dann 1903 den 2. Band. Auch Freges polemische Schrift „Über die Zahlen des Herrn H. Schubert" erscheint 1899 in diesem Verlag. Verwandt ist Gottlob Frege auch mit Joachim Oskar Becker (1889–1964), ehemals Professor der Mathematik an der Universität Freiburg i. Br. Dessen Großvater, der Geheime Kommerzienrat und Direktor der Leipziger Bank, Edmund Becker, heiratete 1834 Louise Antonie Frege. Ihr Großvater, Christian Gottlob Frege (1747–1816), benannt wie sein Vater, der nun schon mehrfach erwähnte Bankhausgründer in Leipzig, ist ein Bruder von Christian Abraham Frege, dem Kaufmann in Marseille. Mit Christian Gottlob Emanuel Frege, (1832–1912), Sohn des Gymnasiallehrers Caesar Emanuel Frege, trifft man auf einen Rechtsanwalt und Bankdirektor in Wismar. Anna Amalia Charlotte Henriette (1863–1890), eine Tochter von ihm, heiratete 1886 Dr. med. Adolf Christian Goetze, Sanitätsrat in Wismar, eine auf dem Gebiet der Medizin segensreich für die Stadt Wismar bis in die jüngste Zeit fortwirkende Familienverbindung.

Was veranlasste, neben der „Anwerbung" durch seinen Onkel, Carl Alexander Frege Bürger von Wismar zu werden und was erhoffte er sich? Darauf gibt sein Ersuchen vom 27.7.1833 an den Rat der Stadt Wismar Auskunft. Nach der üblichen, des Lobes vollen Anrede schreibt er:

„Endesunterzeichneter Candidat des hiesigen Reverendi Ministerii, Sohn des verstorbenen königlich-sächsischen Consuls Emanuel Fre-

ge zu Hamburg, bittet einen Hochedelen Rath um die Erlaubniß
in der Stadt sich bleibend aufhalten und mit Unterrichten beschäftigen zu dürfen. Der Wunsch, mit so vielen meiner Verwandten,
als des Herrn Louis Frege, meines Oheims, des Herrn Dr.
Kniep[2], meines Schwagers und des Herrn Caesar Frege, meines Bruders,
an demselben Orte zu wohnen, dazu die Hoffnung durch Unterrichten, besonders in der Mathematik, nützlich werden zu können,
bestimmen mich zu meiner Bitte."[3]

Caesar Frege (siehe auch Abbildung 3, Reihe V), er wusste um die
„Marktlücke Bildung" in Wismar aus seiner Tätigkeit an der Großen
Stadtschule als Lehrer für Französisch (später dann in diesem Fach an
der Realschule), unterstützte in seinem Schreiben vom 1.8.1833 an
den Rat die Bitte seines Bruders. Ihm schien es besonders zweckmä-
ßig, „diesem Gesuche meinerseits die Versicherung beizufügen, daß
dieser mein Bruder im Stande ist, sich hiesigen Ortes einen angemes-
senen Lebensunterhalt zu verschaffen. Er genießt aus seinem ererbten
Vermögen ein jährliches Einkommen von zweihundert Thalern."[4] Aus
einem Testament von Karl Alexander Frege aus dem Jahr 1847 ist bekannt, dass sich dieses Einkommen aus den Zinsen des Erbteils vom
Vater und des Erbteils vom Großvater ergab.
  In seinem grundsätzlich zustimmenden Bescheid vom 28.8.1833
sprach der Rat von der Erlaubnis der Einrichtung einer Privatschule
für Knaben ab dem 10. Lebensjahr.[5] Die weiteren Verhandlungen mit
dem Rat, in denen es vor allem um einen Ausgleich mit den Interessen
der Großen Stadtschule ging, führten dann zu einer Änderung, über
die am 31.12.1833 die Wismarer Zeitung, Nr. 108, mitteilte, dass
der Kandidat der Theologie, Alexander Frege, wohnhaft im Hause
des Stadtschullehrers Caesar Frege, Lübsche Str. 20, von Ostern 1834
an täglich von 9–12 Uhr vormittags unter Beistand der Frau Sekretä-
rin Schliephake Mädchen von 12–14 Jahren Unterricht in Religion,
Deutsch, Französisch, Geschichte, Geographie, Naturkunde sowie
Tafel- und Kopfrechnen erteilen werde.
  Das Schulunternehmen lief einerseits zwar so gut, dass Alexander
Frege einen neuen Ort für seine Schule suchen musste, andrerseits
schien die Absicht der Privatschule in der damals ungefähr 11 000 Einwohner zählenden Stadt nicht so recht bekannt zu sein. Im Februar
1840 lässt Alexander Frege in der Ratsbuchdruckerei eine Informa-

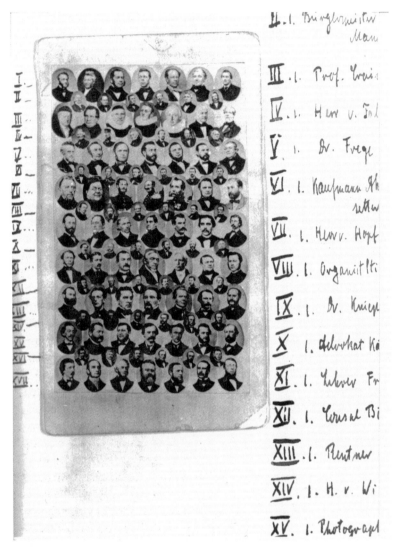

Abbildung 3: Tafel am Eingang der Gaststätte „Zum Alten Schweden" am Wismarer Markt mit verdienten Bürgern der Stadt, unter ihnen Cäsar Frege

tion über seine „Bildungsanstalt für Mädchen" drucken.[6] Es heißt da gleich zu Beginn: „Die mangelhaften, zum Teil irrigen Vorstellungen von meiner Anstalt, die ich immer noch so häufig antreffe, überzeugen

mich mehr und mehr von der Notwendigkeit einer umständlicheren
Nachricht von dem Zwecke, den ich in dieser Anstalt verfolge, so wie
von der Art, wie ich denselben zu erreichen strebe, zu veröffentlichen.
Jetzt ist dazu umso mehr der angemessene Zeitpunkt, da durch die
Ostern d. J. stattfindende Verlegung meiner Schule in das Erdgeschoß
des Möllerschen Hauses mir manche Verbesserungen in der Anordnung äußerer Verhältnisse möglich werden. … Der Z w e c k des gesamten Unterrichts ist: Veredlung des ganzen geistigen Lebens durch
gleichmäßige Ausbildung aller Geisteskräfte, Weckung und Belebung
des frommen Sinnes und Erhebung desselben zur Herrschaft über alle
Geistestätigkeiten." Es könne daher der Unterrichtsstoff weder in der
Menge noch Tiefe auf das beschränkt werden, „von dem man sagen
kann: ‚das braucht ein Mädchen später im irdischen Leben'; denn so
würde ja das Ziel der Bildung, Veredlung des ganzen geistigen Lebens
und möglichste Ausbildung aller Geisteskräfte nicht erreicht werden
können. Es müssen vielmehr von allen denjenigen Gegenständen richtige und deutliche Begriffe beigebracht werden, welche im Umgange
mit Gebildeten vorkommen, so dass das Mädchen in den Stand gesetzt wird, die Unterredungen über solche Gegenstände zu verstehen,
ja Vergnügen daran zu finden, und so auch, was ja den Gebildeten
kenntlich macht, eine rege Teilnahme an Allem selbst im späteren
Leben zu bewahren." Nicht der Anschein, sondern echte Bildung soll
erreicht werden, die eine aktive Teilnahme am gebildeten Leben ermöglicht. „Es versteht sich aber von selbst, dass jedes Mädchen nach
ihren Kräften und nur nach und nach immer mehr angestrengt wird,
so wie auf der andern Seite der Grundsatz gilt, dass welchem viel gegeben ist, von dem auch viel gefordert wird." Der Religionsunterricht
bilde den Mittelpunkt und die Grundlage des ganzen Unterrichts,
denn er „soll dem Geiste die höhere Weihe geben." Die Lehrweise
wird am Deutschunterricht demonstriert; es schließen sich dem noch
Bemerkungen über die Stoffverteilung im Religionsunterricht an. Am
Ende kommt Alexander Frege nochmals auf die Verlegung des Unterrichts in das Möllersche Haus „unten nach hinten" zurück und fügt
dem noch hinzu: „Es wird dafür gesorgt, dass die Schülerinnen beauf-
sichtigt sind. In jeder Klasse werden wöchentlich 28 Stunden gegeben,
wovon für den Unterricht im Deutschen 4, für den im Französischen
6 (in der ersten Klasse 4), für den in Handarbeit 8, für jeden der übrigen Unterrichtszweige 2 Stunden bestimmt sind. Jeden Vormittag

fallen die Lehrstunden von 9 bis 12, in den unteren Klassen bisweilen von 8 bis 11 oder 12; nachmittags von 2 bis 4 oder 5 Uhr. Die Nachmittage mittwochs und sonnabends sind frei. ... Es ist mir gelungen zur Mitwirkung an meiner Anstalt mehrere Lehrerinnen zu gewinnen. Fräulein L. Haupt hat gütigst den Unterricht in mehreren Fächern übernommen, namentlich in der Naturgeschichte, in der Geographie und im Rechnen in den mittleren Klassen. Fräulein L. Walter hat die Gefälligkeit, im Französischen Unterricht zu erteilen. Fräulein Völschow, welche Ostern einen Teil des Möllerschen Hauses bezieht, wird auch ferner die Güte haben, zu den Nadelarbeiten die nötigen Anweisungen zu geben. Außerdem wird sich die Anstalt von Ostern an der Mitwirkung des Herrn Haupt, Lehrer an der Großen Stadtschule, zu erfreuen haben.

Das Schulgeld wird vierteljährlich entrichtet. Das Holzgeld wird um Michaelis ... vorausbezahlt." Aufgenommen wurden Mädchen ab dem 9. Lebensjahr mit einiger Vorbildung.

Alexander Frege selbst wird sich den Deutsch- und Religionsunterricht in den höheren Klassen vorbehalten haben. Er hatte sich während seines akademischen Studiums (1830 Universität Göttingen, 1831 Universität Halle, 1831/32 Universität Berlin und 1833 Universität Rostock) nach anfänglicher Entscheidung für Mathematik dann doch der Theologie zugewandt.

Die starke Betonung des Religionsunterrichts lässt erkennen, aus welcher Ecke seinem Schulunternehmen der Wind besonders ins Gesicht blies. Jedes soziale System hat seine Tugendwächter. In Deutschland aber, in dem alles auf das Prinzipielle zurückgeführt wird, steigert sich ihr Wirken oft ins Unerträgliche, denn sie maßen sich selbst zugesprochene Allgemeingültigkeit und Grundsätzlichkeit ihres Urteils an, indem sie behaupten, nur im Namen eines Höheren unduldsam auftreten zu müssen. Für gewisse klerikale Kreise waren die Privatschulen (nicht nur in Wismar) als mögliche Brutstätten rein weltlichen, gar noch atheistischen Denkens höchst verdächtig. Auch ein Theologe war angesichts eines solchen, auf die Bedürfnisse des praktischen bürgerlichen Lebens gerichteten Schulprogramms von diesem Verdacht nicht frei.

Freges Schulprogramm schließt an Grundintentionen des von der klassischen deutschen Philosophie entworfenen Bildungsideals des Menschen an und ist völlig unvereinbar mit Rousseaus Fixierung der Rolle der Frau allein auf die Bedürfnisse des Mannes. Die höheren

Mädchenschulen waren ein Fortschritt im damaligen Bildungswesen überhaupt und haben mit an der Ausbildung des deutschen Volkes als einer Kulturnation beigetragen. Sie sind ein Durchgangsstadium bei der intellektuellen Emanzipation der Frau, die freilich noch längst nicht ihre sozialrechtliche Gleichstellung mit dem Mann bedeutete. Auf den ökonomischen Kern reduziert ergibt sich die Massenhaftigkeit der Entstehung von höheren Mädchenschulen, ein Vorgang, der rasch zur Entstehung des Lyzeums führte, einfach wie folgt: Wissen ist notwendige Bedingung für Kapitalgewinn, die gebildete Frau daher für den sich aus der schläfrigen Regionalität mausernden Unternehmer, Finanzier oder Kaufmann eine erwünschte Partnerin, somit ist die gebildete Tochter eine gewinnverheißende Investition in die Zukunft des Unternehmens. Zu welchen menschlichen Tragödien der reine Geschäftssinn dabei führen kann, davon weiß die Weltliteratur des 19. und 20. Jahrhunderts zu berichten. Es ist nicht Verdienst des Kapitals, dass das in Europa mahnende Entgleisungen blieben, sondern, mit Alexander Frege ausgedrückt, eine Folge hoher, veredelnder Bildung, die sich gegen die Niedrigkeit der Motive ihrer Möglichkeit gewendet hat.

Der Besuch der höheren Mädchenschule (1840 mit vier Klassenstufen) war, wie der Schulbesuch überhaupt, in Wismar freiwillig. Erst 1855 wurde der allgemeine Schulzwang wieder eingeführt, denn ein Schulzwang für alle Knaben über sieben Jahre zum Besuch der Großen Stadtschule war bereits 1730 erlassen worden. Diese Verordnung, auch weil nicht überwacht, geriet in Vergessenheit.

Alexander Frege hat in seiner Information über seine Schulanstalt von einer Erweiterung der Anzahl der Lehrenden gesprochen. 1843 nimmt Fräulein Auguste Wilhelmine Sophia Bialloblotzky (1815–1898) in Freges Schule eine Stelle als Lehrerin an. Ob durch nochmalige Erweiterung seines Lehrprogramms oder als Neueinstellung für einen Abgang, das ist unbekannt. Sie ist Tochter eines im Herzogtum Hannover (Wunstorf) tätig gewesenen Superintendenten. Ihre Familie geht auf ein im 17. Jahrhundert aus Polen vertriebenes Adelsgeschlecht zurück, das sich in Seehausen bei Wittenberge ansiedelte und von der dann auch eine gerade Verwandtschaftslinie zu Philipp Melanchthon führt.

Am 18.7.1844 heiratete Alexander Frege seinen Neuzugang in der Marienkirche. Im Taufregister der evangelisch-lutherischen Kirchgemeinde St. Marien findet sich 1848 unter der laufenden Nummer 79 folgende Eintragung (die vorangesetzten Formalitäten sind die Spaltennamen, das Semikolon ein Spaltenstrich): geb.: November, 8; get.: Dezember, 11; Vater: Mädchenlehrer Carl Alexander Frege; Mutter: Auguste Wilhelmine Sophia geb. Bialloblotzky; Name: Friedrich Ludwig Gottlob; Paten: 1) Der Kanzler Dr. Friedr. Rosen in Detmold, vertreten durch den Vater des Kindes. 2) Der Particulier und Ehrenbürger Louis Frege. 3) Der Kaufmann Georg Claren in Boizenburg, Stiefgroßvater des Kindes (siehe Abbildung 4).

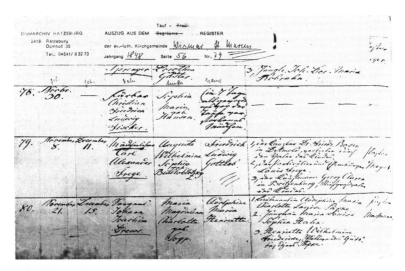

Abbildung 4: Auszug aus dem Taufregister der ev.-luth. Kirchgemeinde Wismar, St. Marien

G. Frege wurde in der Böttcherstr. 2 (ein im 2. Weltkrieg durch Fliegerangriff zerstörtes Haus) geboren, das sein Vater 1846 erworben hatte.

Der Ehe entstammt noch ein zweites Kind, Arnim Alfred Frege, der am 31.3.1852 geboren wurde. Er ließ sich später als Kaufmann in Stettin nieder und lebte im Sterbejahr von Gottlob Frege als Rentner in Neudamm in der Neumark (heute zu Polen gehörig). Sein Sterbedatum ist nicht bekannt (siehe Abbildung 5: Familie Frege).

Abbildung 5: Familie Frege (v.l.n.r.) bestehend aus Arnold Frege, Auguste Frege (Mutter), Gottlob Frege und Carl Alexander Frege (Vater)

Gottlob Frege war ein kränkliches Kind. Wie oft er den Schulbesuch unterbrechen musste, kann man daran ablesen, dass er erst 1869, also im 21. Lebensjahr stehend, die Große Stadtschule, in die er 1854 aufgenommen worden war, mit dem für ein Universitätsstudium notwendigen Zeugnis verlässt.

Auch an der Wismarer Großen Stadtschule hatte das neuhumanistische Bildungsideal feste Wurzeln gefasst. Entscheidenden Anteil daran hatte Theodor Haupt (1805–1868), Bruder des bereits erwähnten Bürgermeisters Anton Haupt. Theodor Haupt ist derjenige Lehrer, den Alexander Frege 1840 als Lehrer an seiner Privatschule hat gewinnen können. Bildung ist im Verständnis von Th. Haupt nicht einfach nur Wissensvermittlung, sondern schließt die Fähigkeit zum wissenschaftlichen Umgang mit ihm und die Vermittlung einer vom Respekt vor dem Menschen getragenen Werteordnung für alles Handeln aus freiem Willen ein. Bildung in diesem Sinne ist weder angeboren noch Nationaleigentum.[7] In Caesar Frege hatte Theodor Haupt seinen entschiedensten Mitverfechter dieses Ideals, dass er ab 1863, mit seiner Ernennung zum Rektor der Großen Stadtschule, mit ganz anderem Nachdruck als zuvor durchsetzen konnte. 1831 war er als Lehrer für Deutsch und alte Sprachen an ihr angestellt worden.

Die unter dem Begriff des neuhumanistischen Bildungsideals versammelten Werte waren nur der Tendenz nach, keineswegs aber inhaltlich überall an deutschen Gymnasien identisch. Er fand z. B. am Grauen Kloster in Berlin eine andere Ausprägung, als an der Großen Stadtschule in Wismar. Er ist zudem, wie der Begriff jedes Ideals, mit historischen Parametern versehen, deren jeweilige historische Ausfüllung ihn in seiner Wirkung nicht immer in einem hellen Licht erscheinen lassen. Die von Theodor Haupt und Caesar Frege angestrebten Werte sind nicht durch den Willen Gottes gesetzt, wie im christlichen Erziehungsideal des Alexander Frege. Vom Charakter des Kantischen Imperativs basieren sie auf historischer Erfahrung und bestimmen nach den Bedürfnissen des Menschseins menschliches Handeln. Sie finden in den christlichen Werten keine notwendige Ergänzung, aber sie schließen einander auch nicht aus. Den neuhumanistischen Werten kann man sich auch aus religiösen Gründen verpflichtet fühlen. G. Frege hat daher das elterliche Ideal von Bildung nicht als widersprechend mit dem der Großen Stadtschule in sich aufgenommen.

1866 stirbt Alexander Frege; seine Frau übernimmt die Leitung der Privatschule. Folgen wir zunächst dem weiteren Schicksal dieses Schulunternehmens.

Am 22.10.1876 wenden sich die Lehrerinnen Alwine Schades und Friederike Herrlich – in Übereinstimmung mit Auguste Frege – mit einer Bitte um Fortführung der Schule unter ihrer Leitung an den Rat der Stadt. Es heißt in diesem Schreiben u. a.: „Frau Frege beabsichtigt, die von ihr seit dem Tode ihres Mannes fortgeführte Höhere Töchterschule aufzugeben. Es würde somit diese Schule eingehen und die

Unterzeichneten sowie die übrigen Lehrerinnen, die seit vielen Jahren an dieser Anstalt thätig sind, würden dadurch ihren Beruf verlieren und zum Theil brotlos werden."[8] Obwohl die privaten höheren Töchterschulen den neuen Ansprüchen, die auch Eingang in die Schulgesetzgebung des Landes Mecklenburg-Schwerin gefunden hatten, nicht mehr genügten, gab der Rat dieser Bitte doch statt. Ihm standen zu dieser Zeit die finanziellen Mittel zur Einrichtung einer städtischen höheren Mädchenschule noch nicht zur Verfügung, aber man erwog bereits die Einrichtung einer solchen Schule. Im Antwortschreiben des Rates (vom 9.11.1876) wird Fräulein Friederike Herrlich die Fortführung der Schule unter der Voraussetzung, dass sie binnen Jahresfrist die Lehrerin-Prüfung absolviert, bis dahin gestattet, „daß etwa eine städtische höhere Töchterschule gegründet wird."[9]

Das weitere Schicksal ihrer ehemaligen Schule erlebte Auguste Frege nicht mehr in Wismar. 1878 oder 1879 zog sie zu ihrem Sohn Gottlob Frege nach Jena. 1898 verstarb sie. Beerdigt wurde sie, wie vorher ihr Mann, auf dem Alten Friedhof in Wismar, Grabstelle 360.

Der Wissenschaftler Gottlob Frege

G. Frege studierte von 1869 bis 1871 in Jena, dann von 1871 bis 1873 in Göttingen Mathematik. 1873 erlangte er in Göttingen den akademischen Grad eines Dr. phil. mit einer Arbeit über die komplexen Zahlen. 1874 erwirbt er die venia legendi, d. h. die Anstellung als Privatdozent für Mathematik an der Universität Jena. 1879 erscheint seine „Begriffsschrift, eine der arithmetischen nachgebildete Formelsprache des reinen Denkens", aufgrund der er zum außerordentlichen Professor an der philosophischen Fakultät von den Erhaltern der Universität Jena ernannt wurde. Diese Dienststellung hatte er bis zu seiner Ernennung zum ordentlichen Honorarprofessor im Jahr 1896 inne.

G. Frege ist nicht Mitglied der philosophischen Fakultät geworden, er gehörte immer nur dem Lehrkörper der Universität an. Diesen Ausschluss von den Sachentscheidungen in Lehr- und Berufungsfragen wie auch von der Verteilung der Fakultätseinnahmen hat er nicht beklagt, wohl aber die Nichtbeachtung seiner Arbeiten durch die zeitgenössischen Mathematiker. Wohlwollende, ihn unterstützende Reaktion hat er lange Zeit nur durch Philosophen erfahren. Erst mit ihrer öffentlichen Würdigung durch den italienischen Mathematiker Guiseppe Peano tritt G. Frege langsam aus dem Schatten des Übergehens heraus. Nach 1900, im Zusammenhang mit der noch zu erwähnenden Grundlagenkrise in der Mathematik, nehmen auch bedeutende deutsche Mathematiker, wie z. B. David Hilbert, Bezug auf Arbeiten Freges. Heute ist sein Namen nicht nur in wissenschaftlichen Kreisen weltbekannt. Noch immer erscheinen Arbeiten in einer schon unüberschaubaren Menge an Publikationen, die sich mit Themen aus seinem wissenschaftlichen Schaffen in immer neuen und offenbar unerschöpflichen Zusammenhängen beschäftigen. Was ist denn so Ungewöhnliches an diesem Werk, von dem doch Gottlob Frege selbst gesagt hat, es sei ihm nicht gelungen? Bezweifelt man sein eigenes Urteil? Das würde vielleicht das Verhalten Einzelner erklären, nicht aber die Vorhaben ganzer Institutionen oder die Programme großer internationaler Konferenzen. In der Tat: Gottlob Frege hat durch sein Lebenswerk die Entwicklung der mathematischen, logischen und philologischen Wissenschaften, der elektronischen Datenverarbeitung, der Informatik und der Philosophie mit dem 20. Jahrhundert beginnend in so fundamentaler Weise mit geprägt, dass sein Namen für immer in die Geschichte von Wissenschaft und Technik eingegangen ist.

Sein, diese Wirkung auslösendes Ziel klingt dagegen fast harmlos: Die Arithmetik (und mit ihr alle auf ihr beruhenden mathematischen Theorien, zusammengefasst unter dem Begriff „reine Mathematik") aus einem logischen Axiomensystem abzuleiten. Arithmetik ist ein Zweig der Logik – das war seine ihn leitende Idee. Was, so könnte man weiter fragen, ist denn an dieser Idee so Besonderes, dass sie sich eine solche immer tiefgreifender unseren Alltag umgestaltende Geltung verschaffen konnte? Folgen wir, um das Epochale sichtbar zu machen, der Idee ein Stück weit in ihrer Umsetzung.

Zum Berufsstolz eines Mathematikers gehört seine Überzeugung von der Unerschütterlichkeit seiner Beweise. Dieser Anspruch auf logische Korrektheit, so G. Frege, muss objektiver Natur sein. Wie lässt sich diese Objektivität zweifelsfrei feststellen? Dadurch, dass man zwei Aufgaben löst.

Erstens muss man ein schriftliches Ausdruckssystem schaffen, in dem man jede arithmetische Aussage allein bezogen auf das, was sie behauptet, darstellen kann. G. Frege schuf eine solche formalisierte Sprache der Arithmetik. Von der Größe dieser Leistung kann man sich durch den Versuch eine Ahnung verschaffen, alle zur sicheren Steuerung eines Fahrzeugs durch eine Stadt erforderlichen Anweisungen in einem formalen Ausdruckssystem darzustellen. Die von G. Frege geschaffene formalisierte Sprache wirkte anregend auf die Sprachwissenschaft und die Fregeschen Analysen der natürlichen Sprache in gleicher Weise auf die Philosophie. G. Frege hat der Philosophie ein Werkzeug geliefert, mit dem man mittels Sprache die Macht der Sprache über das Denken erforschen kann.

Zweitens erfordert die Lösung der Aufgabe einen in die formale Sprache übersetzten Beweis der Wahrheit einer arithmetischen Aussage so in einzelne Schritte zu zerlegen, dass jeder einzelne Beweisschritt nur in der einmaligen Anwendung einer Schlussregel besteht. Die formalisierte Sprache muss also durch ein System logischer Schlussregeln ergänzt werden. Die gewählten Schlussregeln müssen ausreichen, um den lückenlosen Beweis jeder wahren arithmetischen Aussage führen zu können. G. Frege löste auch diese Aufgabe. Er schuf, wie man heute sagt, die zweiwertige Prädikatenlogik mit Identität und mit Einschluss der Aussagenlogik.

Von der Größe dieser Aufgabe kann man sich wiederum eine Ahnung verschaffen durch den Versuch, die Begründung eines Gerichtsurteils durch Angabe der verwendeten Schlussregeln auf ihre Bündigkeit hin zu analysieren.

Die Beweise der arithmetischen Aussagen laufen über ihre Prämissen so zusammen, dass man aus einigen wenigen wahren arithmetischen Aussagen (den Axiomen) alle anderen bekannten und weitere noch unbekannte wahre arithmetische Aussagen gewinnen kann. Mit der Geometrie lässt sich also auch die Arithmetik (und mit ihr die reine Mathematik) axiomatisieren.

Freges Idee greift aber noch weiter. Im Unterschied zur Geometrie hielt er die Rückführung der arithmetischen Axiome auf logische Axiome für möglich. Diese Aufgabe ist gelöst, wenn man ein solches logisches Axiomensystem angeben kann. G. Frege hat ein solches Axiomensystem angegeben. Alle Begriffe der Arithmetik, insbesondere der Zahlbegriff, sind logische Begriffe. Ein solideres Fundament von Wissen als das auf Kategorien des Denkens selbst aufbauendes ist menschlichem Erkennen nicht möglich.

Um die Rede an dieser für G. Frege so wichtigen und ihn vor allem mit der Philosophie Kants verbindenden Stelle nicht dunkel zu lassen, sei zur Erläuterung Bekanntes aus der Geschichte des menschlichen Erkennens herangezogen. Historisch gesehen ist es doch ein erstaunliches Phänomen, dass am Anfang der Wissenschaften zwei axiomatisierte Theorien stehen – die von Aristoteles geschaffene Theorie der Wahrheitszusammenhänge zwischen Aussagen, die sogenannte Syllogistik, und Euklids Theorie wahrer geometrischer Aussagen über den dreidimensionalen Raum. Da nicht ohne Berechtigung von Wissenschaft Antwort auf die dringendsten Bedürfnisse des praktischen Lebens verlangt wird, wäre eigentlich am Anfang eher Biologie und nicht Logik bzw. Mathematik zu erwarten. Das Bedürfnis allein reicht nicht hin, es tritt beim Erkennen noch die Weise des Gegebenseins des Objekts hinzu. Wie es ein Samenkörnchen macht, dass aus ihm eine Pflanze wird, ist dem Betrachter nur als Folge äußerer Gestaltveränderungen gegeben. Es bleibt seiner Vorstellungskraft überlassen, welche Faktoren da wirksam sind – und die Menschen sind zu eben diesem Zweck auch auf die Idee der Existenz von Göttern gekommen. Es finden sich in allen Kulturen speziellen Zwecken dienende Götter, einen, der für Dreiecke oder Kugeln oder überhaupt für Mathematik zuständig wäre, gibt es ebensowenig, wie einen, der über die Einhaltung der syllogistischen Schlüsse wacht. Warum nicht? Was ein Dreieck, seine Seiten- und Winkelverhältnisse sind, das sieht man nicht in der Wirklichkeit, sondern an dem, was man höchstens durch materielle Mittel gestützt aufgrund eigener Vorstellungskraft selbst konstruiert. Für das, was man durch eigene Konstruktion in allen Zusammenhängen beherrscht, braucht man keine Götter um Beistand anzuflehen – darin sind die Menschen dem, was Götter zu leisten haben, gleich. Es ist also mit der Natur der Objekte, der Art ihres Gegebenseins für uns und unserer Weise des Erkennens verbunden, dass eben Logik und Mathematik am Anfang des durch das antike Griechenland gewiesenen Weges der Wissenschaft am Leitfaden von Kausalität und Folgerungsbeziehung steht.

Über zweitausend Jahre hinweg hat man durch Ableitung aus Axiomen oder bereits aus Axiomen abgeleiteter Aussagen den Reichtum der euklidischen Geometrie erschlossen und ist damit noch nicht am Ende. Eine neue geometrische Theorie entstand erst, als man darauf kam, dass ein bestimmtes Axiom der euklidischen Geometrie durch eine Verneinung von ihm ersetzt werden kann und doch eine in sich widerspruchsfreie geometrische Theorie erhält. Von der aristotelischen

Syllogistik und allen mit ihr verbundenen logischen Aussagen, zusammengefasst unter der Bezeichnung „formale Logik", nahm Kant hingegen an, sie sei eine abgeschlossene Wissenschaft, habe sie sich doch seit Aristoteles weder vorwärts noch rückwärts bewegt. Die euklidische Geometrie ist durch die Erschließung der in ihren Axiomen mitgesetzten Aussagen fruchtbar, die aristotelische Logik nicht. Wie aber die nichteuklidischen Geometrien eine neue Ära in der Mathematik eröffneten, so hat auch die von Frege geschaffene Prädikatenlogik eine neue Ära in der Entwicklung der Logik eröffnet. Seither holt die Logik an Fruchtbarkeit in der Theorieausschöpfung wie in der Schaffung neuer Theorien nach, was ihr die Geometrie voraus hatte.

G. Frege ahnte, dass ein Axiom seines logischen Axiomensystem der Arithmetik nicht von dieser Evidenz wie die anderen ist. Sonst aber war er sicher, dass es niemand gelingen wird, das System zu erschüttern. Fast am Ende der Drucklegung des 2. Bandes seiner „Grundgesetze der Arithmetik" erreichte ihn eine Anfrage von Bertrand Russell, wie Frege in seinem Axiomensystem mit einer Ungereimtheit zurecht komme, auf die er gestoßen sei. G. Frege nahm sich der Sache an und die Ironie der Geschichte wollte es so, dass er es selbst war, der sein Axiomensystem erschütterte: Er konnte aus ihm eine Aussage und ihre Verneinung zugleich mittels logischer Schlussregeln ableiten, also einen logischen Widerspruch. Dabei fand gerade das Axiom Anwendung, das er für bedenklich gehalten hatte und Gnade vermutlich nur deshalb bei ihm fand, weil es von anderen Logikern und Mathematikern bedenkenlos verwendet worden ist. Oder ist es etwa bedenklich, von einer Eigenschaft zur Menge der Gegenstände überzugehen, die diese Eigenschaft besitzen? Das zu können behauptet dieses Axiom. Wer eine solche Unbedenklichkeit annimmt, versuche sich von dem logischen Widerspruch zu befreien, der sich aus folgendem ergibt: Wenn man alle Mengen einteilt in solche, die sich selbst als Element enthalten und solche, für die das nicht der Fall ist, so kann man fragen, zu welcher Menge gehört die Menge aller sich nicht selbst als Element enthaltenden Mengen? Das war der Inhalt der Russellschen Anfrage.

Ein Lehrer könnte seinem Schüler sagen: „Frag' nicht so dumm!" – den Mathematikern steht dieser Ausweg nicht offen. In der Mengenlehre wird von diesem Axiom wie von einem selbstverständlichen Besitz Gebrauch gemacht. Selbst wenn man nicht bis zum logischen Ansatz Freges zurückgeht, es ist eine Säule der Mathematik. Und so dürfte der allgemeine Schreck begreiflich sein. Eine in der Geschichte der Mathematik einzigartig dastehende Grundlagenforschung setzte ein, die natürlich auch Freges Werk einschloss. So hat man einen Grund, sich speziell mit Freges Hauptwerk andauernd zu beschäftigen, denn die entstandenen Probleme sind nicht über Nacht zu lösen.

Das logische Axiomensystem ist nicht zu halten, aber wie, wenn überhaupt, ist es zu verbessern? Eine bis heute ungelöste Frage. Gottlob Frege hatte ein Problem, nun ist es den Mathematikern, Logikern und Philosophen gemeinsam. Nicht nur Erfolge, sondern auch Misserfolge bringen Wissenschaft voran, denn was seither an neuen Erkenntnissen allein in Mathematik und Logik gewonnen worden ist, stellt alle bisherige Zeit in den Schatten.

Und was hat das mit dem gewöhnlichen Alltag zu tun? Das Abarbeiten von Beweisschritten wurde als Spezialfall von Arbeitsschritten beim Lösen aller Aufgaben eines bestimmten Typs erkannt. Es war nur noch eine Frage der Zeit gewesen, solche, gänzlich menschunabhängig abarbeitbare Programme („Algorithmen" genannt) durch geeignete Maschinen realisieren zu lassen. Was da heute möglich ist, das zeigt die Computertechnik. G. Frege hat, ohne davon wissen zu können, grundlegende mathematisch-logische Voraussetzungen für sie geschaffen.

Der Computer ist dabei nur ein Symbol, das für einen rasanten Umwälzungsprozess der gesamten Lebensbedingungen steht.

Gottlob Frege als Bürger und Mensch

Wie ging G. Frege selbst mit seinem Scheitern um? – Es gehört ein Übermaß an Selbstüberwindung dazu, trotz Unverständnis auch an der eigenen Universität an der einmal gestellten Lebensaufgabe von Anfang an festzuhalten. Das ist nicht der gern herangezogene mecklenburgische Dickschädel, sondern klares Bewusstsein von der Notwendigkeit einer Bearbeitung dieser Möglichkeit, und nur die dem Mecklenburger nachgesagte Beharrlichkeit hat hier ihren Platz. Zeitzeugen berichten von einem auch in Gesellschaft grüblerischen, nachdenklichen Frege. Er war wie die mathematische Welt zu ihm, zurückhaltend und nur schwer engeren Anschluss findend.

Was, so fragte sich G. Frege, versinkt nicht im Sog der mengentheoretischen Antinomie? Was ist vor ihr sicher? Die überlieferten Aufzeichnungen wie auch die von ihm ab 1918 veröffentlichten Aufsätze lassen erkennen, dass er erstens nunmehr in der geometrischen Anschauung einen geeigneten Ansatzpunkt zur Fundierung der reinen Mathematik sah. Aber die physische und psychische Lebenskraft, die sein bisheriges wissenschaftliches Bemühen ihm abverlangte, war zu erschöpft, um zu mehr noch als ersten Überlegungen zu gelangen. Dazu kommt ja auch noch seine Isolierung vom wissenschaftlichen Leben, deren Lebendigkeit an einer Universität ein Briefwechsel nicht aufwiegen kann. Zweitens. Die von ihm entworfene logische Theorie hat zwar die Antinomie aufgedeckt, sie war aber nicht deren Grund. Sie hat eine wohlbegründete semantische Basis, wie er in seinen „Logischen Untersuchungen" (1918, 1923) zeigt.

Angesichts einer solchen bitteren Enttäuschung nicht zu resignieren, sondern nach Erklärung und Ausweg zu suchen, zeugt von außergewöhnlicher Wahrheitsliebe und Charakterstärke – Zeit also, sich mit G. Frege als Mensch etwas näher bekannt zu machen.

Der Mann, der seine wissenschaftliche Laufbahn an der Universität Jena entscheidend beeinflusste und dem er das verdanken konnte, was für ihn bei seinem Beharren auf seinem Forschungsziel überhaupt an bescheidener akademischer Karriere möglich wurde, war der Physiker Ernst Abbe (1840–1905), Mitarbeiter und späterer Besitzer der Zeiss-Werke in Jena. Dieses Werk und die ihm angeschlossenen Glaswerke Schott & Genossen sind auf Abbes Initiative hin in eine Stiftung umgewandelt worden, der die personelle und institutionelle Förderung der Wissenschaften an der Universität Jena ein besonderes Anliegen war. Ernst Abbe war der wissenschaftliche Lehrer und Mentor G. Freges.

Selbst als G. Frege in Jena ansässig geworden war und seine Mutter zu ihm zog, hat er die Verbindung zu seiner mecklenburgischen Heimat nie verloren. Er wanderte wiederholt in den Sommerferien der Jenaer Universität von Jena aus in das 400 km entfernt gelegene Wismar. Unterkunft wird er bei dem Sohn seines Onkels Caesar Frege, dem bereits erwähnten Rechtsanwalt und Bankier Christian Gottlob Emanuel Frege gefunden haben. Dieser hat sich durchaus um die wirtschaftliche Entwicklung der Stadt verdient gemacht. F. Teschen schreibt dazu in seiner „Geschichte der Seestadt Wismar" [Techen29, S. 385]: „Nachdem schon 1849 eine Vorschussanstalt für Gewerbetreibende mit sehr verschiedenen Zielen begründet war (wie lange sie bestand, ist nicht bekannt), bildete sich 1861 ein

Vorschussverein, der 1868 in die Vereinsbank von Frege, Gosebeck und Riedel, 1872 ebenfalls unter dem Namen Vereinsbank in eine Aktiengesellschaft umgewandelt ward. Während das Aktienkapital 1869 116 700 Mark betrug, ward es 1872 auf 375 000, seit 1899 auf 1 500 000 Mr. vergrößert. Die Umsätze, die 1869 einen Wert von 8 016 255 Mr. darstellten, beliefen sich 1913 auf 756 143 409 Mr. Das Haus am Markte ward 1873 erworben, 1892 vergrößert und 1912 in wieder größerem Umfange völlig neu aufgebaut. Die Bank ist hernach in den Besitz der Commerz- und Privatbank zu Hamburg übergegangen." Die von Emanuel Frege mit gegründete Bank spielte bei der Industrieansiedlung, der Industrieerweiterung und dem Hafenausbau, aber auch für städtische Bauten und für kleinere Unternehmen eine wichtige, die finanzielle Seite abdeckende Rolle. Das Wachsen des Stammkapitals zeigt, dass die Aktiengesellschaft an erfolgreichen Unternehmungen beteiligt war. Überregionale Bedeutung hat sie freilich nicht erlangt.

Es war nicht Armut oder Geiz, die G. Frege zum Fußmarsch von Jena nach Wismar zwang. Es war Freude an der wechselvollen Landschaft und auch ein Mittel gegen Symptome seiner Kränklichkeit aus der Kinderzeit.

Wie auch immer, die Fantasie hat viel Spielraum dafür, sich auszumalen, wie G. Frege bei einer solchen Wanderung nach oder gelegentlich während seines Aufenthaltes in Wismar seine Liebe fand: Margarete Katharina Sophia Anna Lieseberg (1856–1904), eine Tochter des Schneidermeisters Heinrich Lieseberg in Grevesmühlen. Die Ehe blieb kinderlos. Zur Unterstützung der in ihren letzten Lebensjahren immer mehr erkrankenden Margarete Frege stellten die Freges 1902 als Haushaltshilfe Fräulein Meta Arndt aus Gorstendorf bei Dargun in Mecklenburg ein. Sie führte Freges Haushalt nach dem Tod seiner Frau in Jena und dann in Bad Kleinen weiter. Meta Arndt wohnte, ledig geblieben, bis zu ihrem Tode kurz vor Ende des 2. Weltkrieges in dem in Neu-Pastow bei Rostock gelegenen Haus, in das G. Frege 1925 ziehen wollte. Nach seiner Emeritierung am 1.10.1918 verkaufte G. Frege sein Haus in Jena und erwarb das Haus Waldstraße 17 in Bad Kleinen. Zunehmende Verarmung und Sorge um die Schulausbildung seines Adoptivsohns Alfred zwingen ihn, 1925 dieses Haus zu verkaufen. Mitten in den Umzugsvorbereitungen stirbt am 26.7.1925 G. Frege in Bad Kleinen.

1908 hat G. Frege, vermittelt durch den in Thalbürgel wirkenden Pastor Dr. Johannes Eberhard Burghard von Lüpke, Großneffe von Freges Mutter, die Vormundschaft über Alfred (1901–1944) und Toni Fuchs (1905–1990), Kinder eines tragisch zugrunde gegangenen Kleinbauernehepaares in Gniebsdorf bei Kloster Bürgel, übernommen und den Jungen zu sich genommen. 1922, mit Erreichen der Volljährigkeit, hat er Alfred Fuchs, nun Alfred Frege, adoptiert. Es war keine Floskel, sondern inniger Dank, wenn Alfred Frege in der Sterbeanzeige von seinem „guten, lieben Vater" spricht, denn G. Frege hat ihm auch den Weg zum Ingenieur für Maschinenbau ermöglicht, mit einem Abschluss an der Technischen Hochschule Berlin-Charlottenburg im Jahr 1929. Die Aufnahme des Studiums seines Adoptivsohnes im Wintersemester 1923/24 an dieser Hochschule hat G. Frege noch miterleben können.

Seinen Adoptivsohn hat G. Frege nicht in das näher gelegene Gymnasium in Schwerin, sondern in dankbarer Erinnerung an seine Schulzeit in die Große Stadtschule Wismar geschickt.

Politische Ansichten von Gottlob Frege

Am 15.6.1944 ist der Marineoffizier Alfred Frege in Montesson bei Paris gefallen, wenig später als dem Tag, an dem 20 Jahre früher G. Frege in sein „Tagebuch" notierte: „Junge Deutsche, feiert jetzt keine Feste. Wartet damit, bis es Deutschland durch einen Sieg über Frankreich wieder zu einigem Ansehen unter den Völkern gebracht hat."

In seinem „Tagebuch" bekennt Frege rückschauend: „Ich selbst habe mich zu den Liberalen gerechnet." [FregeT: 29.4.1924, S. 1080] Ernst Abbe stand in seinen politischen Ansichten auf der linken Seite des Liberalismus, mit großer Sympathie für den von August Bebel geführten Flügel der Sozialdemokratie. Gottlob Frege dagegen stand auf der rechten Seite des Liberalismus, der sich mit dem konservativen Monarchismus berührte. In seinen politischen Überzeugungen bewegte er sich im Umkreis der Nationalliberalen und ab etwa 1922 im Gedankenkreis der Deutschvölkischen Partei. Damit ist nicht gesagt, er sei Mitglied einer Partei gewesen. Weder für die Zeit vor 1918 noch für die nach 1918 ist eine Parteizugehörigkeit Freges mit Sicherheit bekannt. Einen Wahlaufruf des Jenenser liberalen Blocks im Jahr 1903 konnte G. Frege auch als Sympathisant unterschrieben haben.

G. Frege, von Krankheit gezeichnet, der er auch durch sein Alter bedingt immer weniger Lebenskraft entgegenzusetzen vermag, den materielle Not bedrängt und die Sorge um die Zukunft seines Adoptivsohnes plagt, vermag die aktuellen politischen, ökonomischen und kulturellen Ereignisse in der Weimarer Republik, in der zu leben er sich gezwungen sieht, nur noch mit alles zerfressender galliger Wut zu ertragen. Er sieht sich dreifach gescheitert: In seinem wissenschaftlichen Lebenswerk, in seinen sozialpolitischen Hoffnungen und in seinem Bemühen um finanzielle Altersabsicherung.

Als überzeugter Anhänger einer liberalen konstitutionellen Monarchie, deren Grundzüge er durch Otto von Bismarck vorgezeichnet sah, galten seine Sympathien allen sozialen Kräften, die Bismarck unterstützten, insbesondere der seit 1867 durch Abspaltung von der liberalen Fortschrittspartei bestehenden National-Liberalen Partei, und alle seine Antipathie jenen, in denen Bismarck seine Gegner sah, insbesondere der katholischen Zentrumspartei und der deutschen Sozialdemokratie. Der Ausgang des 1. Weltkrieges ließ seine Utopie von einem durch Bismarck geprägten und der Zukunft aufgeschlossenen deutschen Kaiserreich, stark durch die moralischen Werte und die liberalen Überzeugungen seines Staatsvolkes, zerplatzen.

Seinen Gründungsversuch der Arithmetik auf ein logisches Axiomensystem, der sein Lebenswerk war, hat er einer aus ihm ableitbaren logischen Antinomie wegen aufgeben müssen. Nach dem wissenschaftlichen Werk brechen nun auch seine politischen Grundüberzeugungen zusammen. Er steht wie vor einem Chaos, das sich Begreifen nach althergebrachten Mustern entzieht. Worauf soll er die Trümmerteile seines Bildes von deutscher Gesellschaft gründen? Ultranationalistische Töne scheinen die ihn quälenden Gedanken auf den Punkt zu bringen, vor allem dann, wenn sie einen monarchistischen Beiklang haben. Parolen der radikalen Deutschvölkischen Freiheitspartei, zeitweilig unter Führung von Erich Ludendorff, setzen sich in seinen tagespolitischen Reflexionen fest, zwängen sich ihm richtungsweisend auf. Auf die ultrarechten Parteien war er aufmerksam geworden, weil sie für ihn die Absicht einer Restauration der Monarchie zu haben schienen und gegen dieselben Gegner auf dem Weg dahin auftraten, aber radikaler, als er.

Gegen ihre Reden und Aktionen steht sein liberaler Protestantismus. Er ist durch die Wirren der Zeit nicht ohne Verunstaltung geblieben, aber für ihn doch eine unverzichtbare Prämisse dessen, was er suchen muss, ein neues Weltbild. Es ist ihm unmöglich, diesen Glauben in der rechtsradikalen Terminologie zu formulieren, selbst dann nicht, wenn man in diesen Parteien nur ein bloßes Mittel zum Zweck sehen wollte. Er, dem logischer Widerspruch ein Horror ist, kann sich nicht an das Programm einer Partei „andocken", um in deren Fahrwasser mitzuschwimmen, wenn es nicht absolut passfähig mit seiner christlichen Grundüberzeugung ist. Um mit sich ins Reine zu kommen beginnt er im März 1924 mit der Niederschrift von Überlegungen, „Einfälle" wie er schreibt, manchmal an Tagesereignisse, manchmal an Erinnerungen anknüpfend.[11] Die heutige Frege-Rezeption hat die Aufzeichnungen nicht ganz glücklich unter dem Stichwort „Tagebuch" zusammengefasst. Frege ist sich ihrer Vorläufigkeit wohl bewusst. Manches darin, meint er, könnte „vielleicht" einer späteren Ausarbeitung wert sein, so aber sind sie allein für ihn als Merkpunkte der Selbstverständigung, absolut nicht für die Öffentlichkeit gedacht. Seine Absicht blieb Wunsch, er legte sie in die Hand seines Adoptivsohnes und musste ihm überlassen, das, was Goldenes darin sei könnte, zu nutzen. Alfred Frege hat sie wohl über 10 Jahre später erstmals gründlich zu lesen versucht, als nämlich Heinrich Scholz mit ihm des Nachlasses G. Freges wegen in briefliche Verbindung trat. Er hat erhebliche Schwierigkeiten, die Handschrift seines Vaters zu entziffern.

Freges Absicht wurde nicht respektiert, mehr noch, Schreiber, denen es zum Nachweis ihres Besserseins allein genügt, dass Andere anders als zur Zeit opportun denken, stürzten sich auf das „Tagebuch", stilisierten es unter völliger Missachtung des Anliegens Freges in reißerischer Aufmachung zu einem politischen Bekenntnis Freges zum Nationalsozialismus.

Da spielt überhaupt keine Rolle, dass G. Frege nicht Juden, sondern eine als „jüdisch" bezeichnete Gesinnung, die auch bei Deutschen zu finden ist, namentlich bei den marxistischen Sozialdemokraten, bekämpfen will, dass ihm eine rassistisch begründete Ausrottung der Juden nicht in den Sinn kommt, dass sein eigentlicher politischer Hass den marxistischen Sozialdemokraten und Zentrumspolitikern gilt, egal ob Juden oder Deutsche, und er sich eine protestantische Monarchie nur unter ihrem Ausschluss möglichst noch aus ihrem Staat vorstellen kann, dass er gegen Frankreich seiner Deutschlandpolitik wegen ebenso scharf polemisiert, wie gegen die Neigung der

Deutschen, ausländisches, insbesondere französisches Gedankengut kritiklos zu übernehmen – aber alles das wie auch seine Überlegung zur Reform der protestantischen Theologie oder seine Polemik gegen die Zentrumspartei als einem Mittel des Vatikans zur Fremdsteuerung Deutschlands steht bei ihm unter dem Vorbehalt späterer genauerer Ausarbeitung in diesem oder jenem Punkt. Er entwickelt ein Programm für sein Nachdenken, er entwirft keinen Aufsatz oder gar die Vorlage für einen öffentlichen Aufruf. Darf er das nicht? Wie soll er zu Zweifel an seinen eigenen radikalen Prämissen kommen und dadurch sich von ihnen trennen, wenn er ihre Präsuppositionen nicht gedanklich schärfen kann um sie dann ihrer Folgen wegen ebenso gedanklich zu verwerfen? Gedankenfreiheit ist Grundrecht jedes Menschen. Sie geht der staatlich regulierten Meinungs- und Redefreiheit vorauf. Eventuelle Zurückweisung, Kritik oder Missbilligung durch Dritte ist erst dann gerechtfertigt, wenn mit Resultaten von ihr behauptend in die Öffentlichkeit getreten wird oder diese Freiheit in soziales Handeln mündet. Das findet sich bei Frege 1924 nicht. Selbst wenn es um diese Zeit in der Kaltwasseranstalt in Bad Kleinen einen Diskussionsklub mit Freges Beteiligung gegeben hat, für G. Frege war es, sollte er in ihm über seine innere Verzweiflung gesprochen haben, ein Meinungsaustausch innerhalb dieses Privatklubs. Weder er noch der Klub traten programmatisch an die Öffentlichkeit.

G. Frege verband in Jena eine freundliche, von beiderseitigem Respekt getragene Beziehung zu dem Physiker Felix Auerbach, der ein Jude und wie er ein Liberaler war. Die Hypothese, dass G. Frege sich 1933 vor ihn gestellt hätte, ist nicht gewagt. Es wäre aber dann zu dem gekommen, was das ältere Ehepaar 1984 anlässlich der Umbenennung des Turnplatzes in „Gottlob-Frege-Platz" vermutete: Da erfährt wohl ein Antifaschist eine etwas späte Ehrung.

„Ich habe den Antisemitismus eigentlich erst in den letzten Jahren so recht begreifen lernen", schreibt Frege am 22.4.1924. Wenige Jahre zuvor, bei der Ausarbeitung seines Vorschlages für ein neues Wahlgesetz, um 1918, spielt es für ihn überhaupt keine Rolle, von welcher ethnischen Herkunft der deutsche Staatsbürger ist. Antisemitische Vorbehalte lagen dem damals noch liberalen Frege fern. Erst jetzt, in der Zeit größter Verbitterung über sein Schicksal und Deutschlands Dasein, treibt es ihn bei der Suche nach den Ursachen zu radikalen Überzeugungen, nun will er vom Wahlrecht durch Verlust des Bürgerrechtes alle Staatsbürger ausnehmen, die sich in einem antisozialen, gegen nationale Interessen gerichteten (von Frege im Anschluss an einen damals verbreiteten Sprachgebrauch unpassend mit „jüdisch" bezeichneten) Sinne betätigen, gleichgültig welcher ethnischen Herkunft (Niederschrift vom 30.4.1924).[10] Nicht einem stillschweigenden Übergehen des „Tagebuches" wird hier das Wort geredet, sondern eine sorgfältige Analyse des schweren Weges des Erkennen angemahnt.[11] Das gedankliche Ringen um Fassbarkeit der Zeitereignisse aus der Bedrängnis eben dieser Zeit heraus zu verstehen, darauf kommt es mit an, wenn Lehren aus der Geschichte gezogen werden sollen und zum Denken von Menschen, die in das Fahrwasser eines Radikalismus geraten sind oder drohen zu geraten, ein von ihnen auch angenommener, herauslösender Zugang gewonnen werden soll.

G. Frege vermag die Gegensätze in seinem Denkansatz nicht zu überwinden, er bricht am 9.5.1924 mit der Eintragung von Überzeugungen ab.[12] Wie sein erstes, so ist auch sein letztes Thema ein theologisches. Was G. Frege fehlte, war ein seinen protestantischen Intentionen aufgeschlossener Theologe als Diskussionspartner, denn Gott ist der einzig feste Punkt in seiner nicht abgeschlossenen Suche. Indem er nicht mehr eine ethnische Wesenheit, sondern eine Gesinnung als das Wesentliche für Zugehörigkeit zu einem Volk bestimmte, war er bereits auf einem, sich vom Rechtsradikalismus lösenden Weg. Es ist nur noch ein kleiner Schritt hin zu der Einsicht, dass die Grundsätze, nach denen er gelebt hat (Ehrlichkeit und Aufrichtigkeit, Wahrheitsliebe, Gesetzestreue, fester protestantischer Glaube, Denken und Handeln unter der Prämisse allgemeiner Volkswohlfahrt), sich nicht als Wesensbestimmung deutscher Gesinnung eignen (sie schließen ja z. B. die streng katholisch gläubigen Deutschen aus).[13] Er verlangte zu viel. Was aber ist zu verlangen, um in ein Staatsvolk integriert zu werden? Fordert von Frege nicht, worauf es heute noch keine allgemein akzeptierte Antwort gibt.

G. Frege wurde auf dem Alten Friedhof in Wismar, Grabstelle 360, beerdigt, auf der schon seine Eltern ihre letzte Ruhestätte fanden. Für einen Grabstein war kein Geld vorhanden. So befestigte man eine Platte mit seinem Namen und seinen Lebensdaten (aber statt des 26.7 wurde der 28.7. als Sterbetag angegeben) auf die Rückseite des eisernen Grabkreuzes seines Vaters. Die Stadt Wismar ersetzte 1984 die

Kreuze durch einen großen Erinnerungsstein. Auf dem Neuen Friedhof, Grabstelle 164, ist Caesar Frege, an der Seite seiner Ehefrau, Luise, geb. Kneser (1808–1880) beerdigt. Es finden sich dort auch die Grabstätten dreier Söhne von ihnen. Erstens von Christian Gottlob Emanuel Frege (1832–1912) und seiner aus Gadebusch stammenden Ehefrau Doris, geborene Vorast (1838–1904). Zweitens von Martin Heinrich Frege (1834–1900), Bankherr in Berlin, und drittens von Louis Frege, Kaufmann in Hamburg, sowie dessen Ehefrau Margarethe, geborene Landahl (1851–1915). Ihre letzte Ruhe fand auf der Grabstätte 164 auch Anna Amalia Charlotte Goetze. Das Familiengrab der Familie Goetze ist die Grabstätte 456, auf der in neuster Zeit auch der verdienstvolle Augenarzt Obermedizinalrat Dr. med. Adolf Christian Goetze (1932–2002) zur letzten Ruhe gebettet worden ist.

Rund 100 Jahre wirkten die Freges in Wismar – sie sind eines Andenkens würdig, denn sie wirkten zum Wohle der Stadt. Und Gottlob Frege? – glücklich die Stadt, die ihn zu ihrem Sohn hat!

Anmerkungen

[1] Die nachfolgenden biographischen Daten stützen sich weitgehend auf [Hohlfeld33: S. 89–136].

[2] Der Arzt Carl Johann Friedrich Kniep (1795–1848), wohnhaft und tätig in Wismar, hatte 1830 Pauline Frege (1808–1886), Tochter von Christian Gottlob Emanuel Frege, also eine Schwester von Alexander Frege, geheiratet.

[3] Stadtarchiv Wismar, Ratsakte XXIII, 1537[1b], Nr. 13.

[4] Stadtarchiv Wismar, ebenda, Nr. 14.

[5] Stadtarchiv Wismar, ebenda Nr. 13.

[6] Diese Mitteilung befindet sich im Privatbesitz der Familie Dr. med. Goetze in Wismar. Ich danke ihr sehr, dass sie mir eine Kopie für Veröffentlichungszwecke bereits für mein Buch [Kreiser01] überlassen hat.

[7] Theodor Haupt hat das neuhumanistische Bildungsideal in den Schulprogrammen 1866 und 1867 vorgestellt. Vgl.: Stadtarchiv Wismar, Ratsbibliothek, Die Große Stadtschule zu Wismar (1863–1872), IX 172.

[8] Stadtarchiv Wismar, ebenda, Nr. 20.

[9] Stadtarchiv Wismar, ebenda Nr. 21.

[10] Ein solcher Quellenumgang findet sich z. B. in dem Artikel [FregeT]. Der interessierte Leser findet dort auch einen kommentierten Abdruck dieses Tagebuches.

[11] Die Diskussion um das „Tagebuch" [FregeT] leidet auch darunter, dass vielen nicht klar ist, dass mit Überzeugungssätzen nicht in derselben Weise wie mit Aussagen logisch verfahren werden darf. Die Semantik der Überzeugungssätze deckt sich nicht mit der Semantik der Aussagesätze. So ist z. B. Wahrheit subjektunabhängig, eine Überzeugung aber nicht. Überzeugungen haben eine emotionale Komponente, Wahrheiten dagegen nicht. Wegen des für Überzeugungssätze wesentlichen Sinnzusammenhanges ist dem Autor (hier: Frege) eine Anwendung der Regel der Einführung der Implikation erlaubt, dem Leser nicht. Darauf soll hier wenigstens hingewiesen werden.

[12] Wie sehr die Bevölkerung Deutschlands sich damals politisch polarisierte, kann an dem Ergebnis der Reichstagswahlen vom 4.5.1924 abgelesen werden.

[13] Natürlich ist das infolge Fehlens weiterer Aufzeichnungen von oder Aussagen über Frege nur eine Vermutung, aber sie ist aufgrund der Tendenzen in Freges Überzeugungen und vor allem seiner lebenslang befolgten Wertevorstellungen wesentlich wahrscheinlicher, als ein weiteres Versinken im Deutschvölkischen. Sein Umzug nach Neu-Pastow, eine Einsamkeit in der Nähe von Rostock, war er nicht nur Ausweg aus der beklemmenden Notlage, sondern gewählt auch als Ausstiegschance aus einer sein Leben zerstörenden politischen Gedankenwelt?

Bildnachweis

Abbildung 5: Abdruck mit freundlicher Genehmigung des Instituts für Mathematische Logik und Grundlagenforschung der Universität Münster. Herrn Prof. Dr. Christian Thiel (Erlangen) danke ich für die Vermittlung.

7. Frege und Wismar – Orte der Erinnerung

Gerd Giese

Einleitende Gedanken

Viele Städte können sich rühmen Geburtsort von lokalen und nationalen Größen gewesen zu sein. In einigen Fällen erlangten Einwohner sogar internationale Bedeutung.

Nicht selten haben diese Persönlichkeiten allerdings in der lokalen öffentlichen Wahrnehmung nur einen geringen Stellenwert, woraus die Frage entsteht, wie ein angemessener Umgang mit einem solchen geistigen Erbe aussehen könnte.

In Wismar errang der Ratsherr und Bürgermeister Friedrich Johann Anton Haupt (1800–1835) große Geltung. Durch sein umfangreiches Reformwerk legte er hier die Grundlagen für eine moderne Stadtverwaltung. Nach seinem 100. Todestag wurde in Wismar eine Straße nach ihm benannt, die aber 1976 in Wilhelm-Pieck-Allee umbenannt wurde. Erst nach den gesellschaftlichen Veränderungen von 1989/90 kam es zu einer Rückbenennung in „Bürgermeister-Haupt-Straße".

Zu den Persönlichkeiten, die auf nationaler Ebene und darüber hinaus Berühmtheit erlangten, gehört der Wortführer der „Göttinger Sieben", Friedrich Christoph Dahlmann (1785–1860). Der Historiker und Politwissenschaftler gilt als Vater der Verfassung von 1849 und als Vorkämpfer der nationalen Einheit.

Eine bereits im September 1838 beantragte Ehrenbürgerschaft wurde jedoch vom Rat von Wismar abgelehnt. Erst im Januar 1881 beschloss die Verwaltung der Stadt, für die neue Straße vom Lübschen zum Mecklenburger Tor, den Namen Dahlmannstraße zu vergeben.

Wilhelm Bleek, dem ehemaligen Professor für Politikwissenschaften an der Ruhr-Universität Bochum, ist es zu danken, dass im Jahre 2007 eine umfangreiche Ausstellung die Wismarer mit dem Leben und Wirken von Dahlmann bekanntmachte. Die Präsentation mit dem Titel „Gute Politik – Von der Aktualität einer historischen Herausforderung" hatte eine umfangreiche Besucherzahl sowie eine gute Resonanz in der Presse.

Wie sieht es aber mit Wismars größter international anerkannter Persönlichkeit aus? Der in Wismar geborene ehemalige Honorarprofessor Friedrich Ludwig Gottlob Frege (1848–1925) ist in wissenschaftlichen Kreisen weltbekannt. Sein Name ist fest mit der Geschichte von Wissenschaft und Technik verbunden. Der Wismarer gilt als der größte Logiker moderner Zeit und wird oft in einem Atemzug mit Aristoteles und Leibniz genannt.

Die Auseinandersetzung mit seinem Wirken auf allen Gebieten füllt Programme großer internationaler Konferenzen und Vorhaben wissenschaftlicher Institutionen. Seine Bücher gehören zum Schulprogramm vieler ausländischer Bildungseinrichtungen.

Was erinnert nun aber in Wismar an das Genie aus der Böttcherstraße? Erstmals würdigte die Stadt ihren wohl größten Sohn anlässlich der 2. Fregekonferenz der Friedrich-Schiller-Universität Jena im September 1984 in Schwerin.

In Anwesenheit des internationalen Tagungspublikums wurde der Turnplatz in Wismar in „Gottlob-Frege-Platz" umbenannt. Dass dies keine glückliche Wahl gewesen war, zeigt die Rückbenennung im September 1991 unter der Voraussetzung der Umbenennung der Leningrader Straße in „Gottlob-Frege-Straße".

Auch wenn die Mitarbeiter des Stadtarchivs 1984 beauftragt wurden, in Zeitungsartikeln die Persönlichkeit Frege vorzustellen, so zeigt das Unverständnis der Bürger bei den Umbenennungen, dass die zeitweilige Erinnerung schnell wieder verblasste. (siehe auch Geleitwort und [GFKoll08], Beitrag von G. Gabriel)

Wie bei vielen Menschen in Wismar haben auch auf Frege, Dahlmann und Haupt die Geschichte der Stadt sowie die gesamtgesellschaftliche Situation, in die sie hineingeboren wurden und in der sie ihre Jugend verlebten, ihre Spuren in Bewusstsein und Denkweise hinterlassen.

Ein kurzer Abriss der Geschichte soll im Folgenden helfen, Denkstrukturen, die sich beim jungen Frege herausbildeten, nachvollziehen zu können. Dabei steht das 19. Jahrhundert, in dem Frege in Wismar lebte und seine Schulausbildung hatte, besonders im Fokus der Betrachtung.

Abbildung 1: Stahlstich von Wismar, Mitte 19. Jahrhundert

Notizen zur Stadtgeschichte

In kaum einer anderen Stadt ist es möglich, Weltgeist und Provinzialität so nah nebeneinander liegend nachzuempfinden wie in Wismar. Die Wechselwirkung von Größe, Ruhm und Wohlstand sowie Machtzerfall, Verelendung und erneuter Aufschwung in der Geschichte begleiten den Besucher und Einheimischen auf Schritt und Tritt.

Neben den schriftlichen historischen Quellen geben auch die Bauten wichtige Informationen über das Schicksal der Stadt. Die Silhouette wird immer noch von den drei, einst wohl untereinander „rivalisierenden", großen Kirchen der Stadt bestimmt. In einem der schönsten erhaltenen Altstadtkerne Europas dominiert die Backsteingotik und verleiht der Stadt ihren eigenwilligen Charakter. Auch das riesige Marktplatzensemble macht es noch einmal deutlich, dass Architektur und Geschichte als eine Einheit betrachtet werden müssen, damit Wismar in seiner Gesamtheit erschlossen werden kann.

Die natürlichen Voraussetzungen mögen die Ursache dafür gewesen sein, dass es mit Sicherheit bereits im 12. Jahrhundert kleine Ansiedlungen im heutigen Gebiet um Wismar gab. Dass es schon bald einen Seelandeplatz gegeben haben muss, lässt sich aus der Urkunde von Kaiser Otto IV. ableiten, der am 4. Januar 1211 den Schwerinern das Privileg erteilte, zwei Koggen und beliebig viele kleinere Schiffe im Hafen von Wismar zu betreiben. Ein wirklich städtischer Verband ist erstmals für das Jahr 1229 urkundlich belegt.

Durch viele Zuwanderer expandierte die Stadt und reichte bald nicht mehr für die Siedlungsbedürfnisse aus, so dass bereits 1238 bis 1250 eine Neustadt angelegt wurde. Neben dem Kirchenspiel von St. Marien und dem von St. Nikolai entstand nun das von St. Georgen. Durch diese Stadterweiterung war die Ausdehnung erreicht, die bis zum 18. Jahrhundert beibehalten werden sollte.

Zu Beginn des 15. Jahrhunderts zählte Wismar rund 8 000 Einwohner. Den Wohlstand, den die Stadt insbesondere durch den Fernhandel auf See erreicht hatte, dokumentierte sie in neuen schönen Bauten. Besondere Wahrzeichen entstanden durch den Umbau der hallenartigen Kirchen zu mächtigen Kathedralen, die heute noch einmalig für den Ostseeraum sind.

Seit dem 13. Jahrhundert waren die Franziskaner und Dominikaner mit ihren Klöstern anwesend. Es bestand außerdem eine halbklösterliche Frauenvereinigung der „Beginen", das Heilig-Geist- und das St. Jakobs-Hospital. Rund 250 Geistliche lebten in der Stadt und mussten von den Bürgern versorgt werden. Infolge der Reformation schlossen Mitte des 16. Jahrhunderts die letzten Klöster. Die Gebäude und Einrichtungen dienten nun als Armenanstalten und Waisenhäuser oder wurden zu Erziehungs- und Bildungsstätten umfunktioniert.

Im Jahre 1630 änderte der Verlauf des Dreißigjährigen Krieges die Situation für die Stadt grundlegend. Schwedische Truppen landeten in Pommern und schlossen bereits 1631 Wismar ein. Am 7. Januar 1632 sah sich ein kaiserlicher Oberst genötigt, die von seinen Soldaten ausgezehrte Stadt an die schwedischen Truppen zu übergeben.

Als im Oktober 1648 der Friedensvertrag von Osnabrück geschlossen wurde, kamen die „Stadt und Herrschaft Wismar" endgültig in den Besitz der schwedischen Krone und des Reiches Schweden als „immerwährendes und unmittelbares Reichslehen".

Im Wismarer Fürstenhof wurde im Mai 1653 das Königlich-Schwedische Tribunal als oberster Gerichtshof für alle deutschen Provinzen des Königreiches Schweden errichtet. Im Juni 1653 huldigten der Rat und die Bürgerschaft Wismars der schwedischen Königin. Im Huldigungsrezess bestätigte Königin Christina alle der Stadt gehörenden Privilegien. Damit behielt Wismar die uneingeschränkte Freiheit, örtliche Angelegenheiten selbst zu regeln.

Neben Soldaten kamen nun auch Schiffbauer, Handwerker und Kaufleute aus Schweden nach Wismar und gründeten hier eine neue Existenz.

In der Übergangszeit vom 17. zum 18. Jahrhundert konnte sich Wismar von den Folgen des Dreißigjährigen Krieges ein wenig erholen. Kleine Manufakturen wurden gegründet und eine nicht unerhebliche Anzahl von Schiffen gebaut. Das städtische Bauwesen belebte sich. Die für die Wirtschaft so notwendigen Rohstoffe wurden aus Schweden eingeführt.

Mitten in der Phase des „Wiedererwachens" erlitt Wismar große Schäden durch die Belagerung und Kämpfe im Nordischen Krieg. Dänische, hannoversche und preußische Truppen griffen 1711 die Stadt an und beschossen sie. Nach dem Sieg der Dänen mussten die Fortifikationswerke gesprengt und abgetragen werden. Beim Friedensschluss von Frederiksborg im Juli 1720 wurden die Stadt Wismar, die Insel Poel und das Amt Neukloster abermals dem Königreich Schweden zugesprochen.

Bereits in der Mitte des 18. Jahrhunderts begannen Verhandlungen mit den in Geldnöten steckenden Schweden über die Rückkehr Wismars zum Herzogtum Mecklenburg. Am 26. Juni 1803 unterzeichneten die schwedischen und mecklenburgischen Bevollmächtigten den „Pfandvertrag" zu Malmö. Infolge dieses Vertrages wurden die Stadt und Herrschaft Wismar mit den Ämtern Poel und Neukloster an den Herzog von Mecklenburg abgetreten mit dem Recht der Wiedereinlösung durch Schweden.

Mit dem Vertrag von Malmö waren große Hoffnungen für die weitere Entwicklung Wismars verbunden. Dennoch gestalteten sich die ersten Jahrzehnte unter dem Pfandvertrag sehr schwierig. Von Schweden getrennt, war die Stadt an Mecklenburg nur lose angegliedert. Zu einer wirklichen organisatorischen Vereinigung kam es aufgrund von Bestimmungen im Vertrag nicht. Eine staatliche „Zwitterstellung" war die Folge. Selbst die vielen Privilegien, die die Stadt über die Jahrhunderte gerettet hatte, nutzten nur wenig und sollten sich später sogar als Hemmnis herausstellen. Herabgesunken glich die einst so stolze Hansestadt am Ende der Schwedenzeit im Jahre 1803 mit ihren 6254 Einwohnern mehr einem verfallenen Flecken. Schüchterne Reformversuche blieben im Ansatz stecken. Die Kontinentalsperre, der Napoleonische Krieg und die mangelhafte Organisation verschärften die Missstände. Im Innern der Stadt war überall der Verfall der Gebäude sichtbar. Den altehrwürdigen Kirchen drohte der Zusammenbruch. Das Rathaus stürzte im Jahre 1807 sogar ein und blieb, teilweise noch benutzt, ein volles Jahrzehnt in Trümmern liegen. Noch immer lastete ein Rest der Schuld aus dem Siebenjährigen Krieg auf der Stadt und erhöhte die jährlich anwachsenden Rückstände.

Erste Anzeichen einer Erholung wurden nach 1817 sichtbar. Der größte Teil der Kriegslast konnte abgeleistet werden und der Wiederaufbau des eingestürzten Rathauses fand seinen Abschluss. 1820 folgte die Reform der Akziseverwaltung und kurz darauf wurde eine städtische Brandversicherung begründet, die auf die schlecht organisierte Bau- und Feuerpolizei einwirkte. In dieser Zeit wurde der junge Anton Johann Friedrich Haupt Ratsherr und später Bürgermeister. Er verstand es, durch Engagement und Entschlossenheit das notwendige Reformwerk fortzusetzen. Dazu gehörte beispielsweise die Errichtung einer städtischen Ersparnisanstalt in Verbindung mit einem Leihhaus. Die Armenordnung wurde verbessert und das erste städtische Krankenhaus mit einer Kinderanstalt gegründet. Nach seinen Vorschlägen errichtete die Stadt eine neue Friedhofsanlage außerhalb der Stadtmauer. Noch kurz vor seinem frühen Tode (1835) bildete eine Neuordnung des Gerichtswesens den Abschluss der Umgestaltung der inneren städtischen Verhältnisse.

Die oberste Zollbehörde des Landes erklärte in Sachen des Zolls und des Handelsverkehrs Wismar weiterhin für Ausland. Gleichzeitig büßte der Wismarer Handel mehr und mehr den Rückhalt ein, den er vorher durch Schweden gehabt hatte. Neben dieser Ausnahmestellung im Zoll- sowie im Verkehrswesen blieb Wismar auch die Aufnahme im landständischen Verband versagt.

Im Geburtsjahr von Gottlob Frege bot sich in der Revolutionszeit von 1848 noch einmal die Möglichkeit, die Stadt aus der isolierten Lage zu befreien. Aber auf einen Verzicht der alten Privilegien, die mit der neuen Landesverfassung nicht zu vereinbaren waren, wollten die Ratsherren nicht eingehen.

Viel, oft vergebliche Mühe verwandte die Stadt darauf, durch bessere Verkehrsbedingungen eine wirtschaftliche Weiterentwicklung zu fördern. Seit 1830 wurden neue Straßen angelegt. Durch Wismars Initiative bekam die Frage der Eisenbahn einen neuen Stellenwert in Mecklenburg. Eine geplante Linie zwischen Wismar und Hannover, die bereits durch einen Staatsvertrag gesichert schien, kam auf Betreiben Preußens nicht zustande, so dass der Gewinn ausblieb. Ein anderer Versuch zur Verbesserung der Verkehrslage wurde mit der Eröffnung der Dampferlinie Wismar-Kopenhagen unternommen. Schlechte Verbindungen im Hinterland ließen nach einigen Jahren auch dieses Projekt scheitern. Trotzdem blieben neue Initiativen nicht aus. Der Ausbau des Hafens und die Vertiefung der Fahrrinne begannen 1848/49.

Im Jahre 1863 wurden schließlich die Binnenzölle durch Grenzzölle ersetzt. Damit hatte Wismar endlich das gleiche Recht im innermecklenburgischen Handel erreicht. Der Anschluss Mecklenburgs an den Deutschen Zollverein bzw. an die neuen Zollverträge erfolgte 1868. Jetzt taten sich neue Absatzgebiete auf, was für einen Aufschwung sorgte, wenn auch die alte Konkurrenz mächtig gewordener Rivalen, etwa Lübecks, scharfen wirtschaftlichen Druck ausübte. Wismar wurde zu einem wichtigen Hafen für die Einfuhr englischer Kohle, für Granit- und Kalksteine sowie für nordische Hölzer. Die Ausfuhr dehnte sich über landwirtschaftliche Produkte auf künstliche Steine, Salze und Chemikalien aus dem Hinterland aus. Ein ganz neues Wirtschaftsleben erblühte mit der durchgreifenden Industrialisierung in den 1880er Jahren. Neben völlig neuen Industriezweigen, wie die Bearbeitung nordischer Hölzer, entwickelte sich insbesondere die Metallbearbeitung und Maschinenfabrikation weiter. Vor allem die Podeusschen Hobel- und Sägewerke sowie die gleichnamige Waggonfabrik verzeichneten hohe Umsätze. Die ortsansässige Papierfabrikation gedieh zu neuer Blüte. Aber auch die gegründete Zuckerfabrik bereicherte das wirtschaftliche Leben. Alle diese neuen Unternehmungen wirkten belebend auf den Handel, so dass eine erneute Erweiterung des Hafens und neue Verkehrswege auf dem Lande nötig wurden. Doch blieben abermals alle Bemühungen für eine neue Eisenbahnlinie, diesmal zwischen Lübeck-Wismar-Stettin, erfolglos. Letztendlich verlief die Strecke über Bad Kleinen. Die Aufnahme eines jahrhundertealten Projekts, einer Kanalanbindung zum Schweriner See, konnte ebenfalls nicht realisiert werden.

Endgültig nach 100 Jahren Pfandschaft durch einen neuen Vertrag mit Schweden dem Stammland Mecklenburg zugesprochen, blieb Wismar aufgrund mehrfach versagter günstiger Verkehrsanbindungen ökonomisch benachteiligt. Auch wenn die Rückkehr zu Mecklenburg mit großen Feierlichkeiten begangen wurde, so blieb Wismar immer noch ein wenig die isolierte Stadt am Rande der Landesgrenze. (siehe [Techen29])

Schulzeit

Neben ihrer Geburtsstadt und der damit verbundenen Geschichte hatten Frege, Dahlmann und Haupt eine weitere Gemeinsamkeit. Alle drei besuchten die „Große Stadtschule", die sich immer mehr zu einer guten Bildungseinrichtung in jener Zeit entwickelt hatte.

Diese war auf Veranlassung des Rates nach der Reformation im Jahre 1541 in den Räumlichkeiten des Klosters der „Grauen Mönche" gegründet worden. Von Anfang an als Lateinschule bezeichnet, hatte sie vor allem ein humanistisches Bildungsideal. Als später über das

Abbildung 2: Die Große Stadtschule vor dem Umbau 1891

Gewöhnliche hinaus Mathematik, Physik, Erdkunde und Französisch gelehrt wurden, avancierte die Große Stadtschule zu einer der
berühmtesten Gelehrtenschulen im weiten Umkreis.

Jedoch sank das Bildungsniveau in der zweiten Hälfte des 18. Jahrhunderts beträchtlich.

Erst nach der Rückkehr Wismars an Mecklenburg und durch den
neuen Rektor Johann Hartwig Groth (Rektor 1793–1826) sowie
dessen Nachfolger Ferdinand Crain (Rektor 1826–1863) konnte mit
der Begeisterung für die Geschichte der Griechen und des Deutschen
sowie die Gleichsetzung der Mathematik neben alten Sprachen ein
neues Humanistisches Gymnasium begründet werden, das lange Bestand halten sollte. In der zweiten Hälfte des 19. Jahrhunderts und somit in der Jugendzeit Freges begann nach der gescheiterten Revolution
1848 und durch die „erfolgreiche" Politik Bismarcks eine Abkehr von
der Verherrlichung des Altertums. Das Interesse lag nun mehr auf den
Problemen der Gegenwart, wie die nationale Einheit und Freiheit. Die
Bürger setzten sich mit deutscher Kunst und Literatur auseinander.

Entscheidende Schuljahre verbrachte Frege unter dem Rektor Eduard Haupt (Rektor 1863–1868), einem Bruder von Anton Haupt.
Eduard Haupt, der selber Schüler an der Großen Stadtschule war, trat
1831 in das Lehrerkollegium ein. Mit ihm setzte sich fortschrittliches
Gedankengut an der Großen Stadtschule durch. Er forderte die Lo-

ckerung der Schulgesetze und mehr Selbständigkeit der älteren Schüler, die er als Erwachsene bewertete. Auch der Einzug von Eduard Haupt als Wismarer Vertreter in die Nationalversammlung in Frankfurt a. M. dürfte dabei seine Wirkung auf die Schüler nicht verfehlt haben. (siehe auch [Klemminger54], [Klemminger91])

Frege begann im Jahre 1854 seine schulische Ausbildung an der Großen Stadtschule, die er zeitweilig unterbrach und zu Ostern 1869 mit dem Abschlusszeugnis beendete. Dass Frege erst mit 21 Jahren die Schule verließ, ist keine Besonderheit gewesen und lässt, wie früher in der Forschung angenommen, kaum auf einen kränklichen Gesundheitszustand schließen. Zwei seiner Mitprüflinge waren sogar älter als er. Frege glänzte bei seiner Abschlussprüfung besonders in Mathematik und konnte ein „völlig befriedigend" erreichen, das ihn von seinen Mitschülern abhob, obwohl es nicht die höchste Bewertung war. In seinem Deutschaufsatz hatte er sich mit dem Niedergang der Republik Rom bei gleichzeitigem Aufstieg zur Weltmacht auseinanderzusetzen. Dabei bemängelte Frege die ungerechte Verteilung des Reichtums, das Fehlen eines Führers (Kaisers) sowie einer Mittelschicht. Auch sprach er sich gegen eine Republik aus, die nur den Interessen der Angehörigen der herrschenden Geschlechter und Mitglieder der Senatspartei in Rom diente.

Welchen Einfluss die gesamtdeutsche Politik, insbesondere die „Bismarckschen Erfolge" auf dem Weg zur deutschen Einheit, auf den Schüler Frege hatte, ist allein auf der Basis dieses Aufsatzes nicht zu beantworten. Ebenso wenig kann gesagt werden, welche Schüler ihm besonders nahe standen, welche Literatur in der umfangreichen Schulbibliothek vorhanden war und welche Bücher Frege las.
Mit dem erworbenen Abitur hatte Frege nun die Möglichkeit, sich für ein Universitätsstudium zu bewerben.
Bereits im Sommer 1869 wurde Gottlob Frege an der Universität in Jena immatrikuliert. Im Jahre 1874 nahm er dort seinen Wohnsitz. Besuche in seiner Heimatstadt blieben aber nicht aus. Legendär sind seine Wanderungen von Jena nach Wismar geworden, die auf einen guten Gesundheitszustand schließen lassen. (siehe [Kreiser01])

Orte der Erinnerung

Noch heute erinnert die „*Frege-Wanderung*", die seit 1987 jährlich in Bad Kleinen oder Wismar beginnt, an die außerordentlichen sportlichen Leistungen Freges zur damaligen Zeit (siehe auch Beitrag: Die Frege-Wanderungen).

Ein weiterer Ort der Erinnerung an den großen Mathematiker ist sein letztes *Wohnhaus in Bad Kleinen*, in der Waldstraße 17.

Abbildung 3: Frege-Büste im Skulpturenpark an der Marienkirche

In Wismar ist seit dem Jahre 2009 eine *Frege-Büste* im Skulpturenpark im Bereich der ehemaligen Marienkirche aufgestellt. Eine kleine, das Kunstwerk ergänzende Tafel informiert Einheimische und Touristen über das Wismarer Genie.

Anlässlich des 160. Geburtstages von Wismars „größtem Sohn" wurde die Idee von dem bekannten Frege-Experten der Universität Leipzig, Prof. Dr. Lothar Kreiser, aufgenommen, eine Kopie der Büste anfertigen zu lassen, die in der Friedrich-Schiller-Universität Jena bereits vorhanden ist.

Durch Vermittlung von Herrn Prof. Dr. Gottfried Gabriel, ehemals Lehrstuhl für Logik und Wissenschaftstheorie der Universität in Jena, gelang es, einen Bronzeguss der Frege-Büste zu erhalten.

Neben Jena und Bonn erinnert nun die Skulptur des Bildhauers Karl-Heinz Appelt an den großen Wissenschaftler in Wismar.

Die Finanzierung des Projektes garantierte der „Redentiner Osterspielverein". Eine Tafel an der Büste mit kurzen biografischen Angaben wurde von den Mitgliedern des Gottlob-Frege-Zentrums der Hochschule Wismar gestiftet.

Ob künftig ein anderer Standort für das Kunstwerk in Zusammenhang mit Bauvorhaben an der Marienkirche gefunden werden muss, bleibt offen.

In der *Böttcherstraße am Haus Nr. 2* ist seit dem Jahre 1998 eine Tafel angebracht, die darauf hinweist, dass hier einst das Geburtshaus von Gottlob Frege stand, welches im Zweiten Weltkrieg zerstört wurde.

Die Tafel wurde während der Festveranstaltung im „Frege-Jahr" anlässlich des 150. Geburtstages von Gottlob Frege am 8. November 1998 enthüllt.

Im gesamten Jahr organisierte die Hansestadt Wismar damals Veranstaltungen, die sich mit Leben und Werken des großen Mathematikers und Philosophen auseinandersetzten.

Eröffnet wurde die Vortragsreihe mit einem Beitrag von Prof. Kreiser, Universität Leipzig, der sich mit „Mensch, Familie und Werk" beschäftigte. Am 2. April folgte Prof. Thiel von der Friedrich-Alexander-Universität Erlangen-Nürnberg. Prof. Thiel referierte über „Gottlob Freges späte Wirkung". Als Vortragsraum wählte er die Aula der Großen Stadtschule, in der Frege sein Abitur ablegte. Dr. Hans Sluger,

Abbildung 4: Tafel am Haus Böttcherstraße Nr. 2

Professor der Philosophischen Universität of California, Berkeley und Ernst-Cassirer-Gastprofessor, Universität Hamburg, versuchte im Saal der Sparkasse mit seinem Vortrag „Die Erkennbarkeit der Welt", Frege als philosophischen Revolutionär darzustellen. Den Abschlussvortrag hielt Prof. Franz von Kutschera, Universität Regensburg, über das Thema „Frege und die Realität der Ideen". Dieser Vortrag war der Höhepunkt der Festveranstaltung. Die Teilnehmer aus aller Welt begannen den Tag mit einer Besichtigung des letzten Wohnhauses von Gottlob Frege in *Bad Kleinen, Waldstraße 17*. Danach folgte ein Besuch der Grabstätte auf dem *Ostfriedhof in Wismar*. Nach der Enthüllung der Gedenktafel in der Böttcherstraße begann die Abendveranstaltung mit einem Festkonzert im Bürgerschaftssaal, dem sich der Vortrag von Prof. von Kutschera anschloss.

In vielen Gesprächen und Diskussionen bestand Einigkeit darüber, dass mit dieser Veranstaltungsreihe ein Neuanfang zur Ehrung von Gottlob Frege in Wismar begonnen hatte, dem weitere Aktivitäten folgen sollten.

Abbildung 5: Freges Grabstätte auf dem Ostfriedhof in Wismar

Konferenzen, Kolloquien und andere Veranstaltungen über Gottlob Frege werden seit der Gründung des *Gottlob-Frege-Zentrums* am 7. November 2000 vor allem von der Hochschule Wismar durchgeführt. Das von zwölf Professoren gegründete Kompetenzzentrum für anwendungsorientierte Grundlagenwissenschaften hat im Bereich der Hochschule nationale und internationale öffentliche Tagungen organisiert und eine Reihe von Publikationen über Frege herausgegeben. (siehe Beitrag 9 von Dieter Schott)

Mit dem Beschluss der Bürgerschaft vom 30. Januar 1992 wurde der *„Gottlob-Frege-Preis"* durch die Hansestadt Wismar gestiftet, der seither jährlich an hervorragende Absolventen der Hochschule verliehen wird.

In Wendorf, einem Stadtteil von Wismar, hat sich im September 2009 auf Initiative von Pastor Dr. Martin Brückner ein *„Frege-Lesekreis"* gebildet.

Viel wurde in den letzten Jahrzehnten vor allem von der Hochschule und der Stadtverwaltung zu Ehren Freges veranstaltet, um die Erinnerung an Wismars Genie wach zu halten sowie um die öffentliche Wahrnehmung zu verbessern.

Auch wenn noch nicht alle Anwohner der Prof.-Frege-Straße wissen, wer der Mann war, nach dem die Straße in ihrem Ausweis benannt ist, so hat doch jeder interessierte Bürger die Möglichkeit, sich umfassend über Wismars international anerkannteste Persönlichkeit zu informieren. (siehe Orientierungsplan 11 und Bilderteil 12, Abb. 10)

Quellen

- Archiv der HWI, Abt. III, Rep. 3, J
- Archiv der HWI, Abt. III, Rep. 1, A, XXIII, 15

Bildnachweis

Abbildung 1: Original Stadtarchiv Wismar
Abbildung 2: Original Stadtarchiv Wismar
Abbildung 3: Gottlob-Frege-Zentrum der Hochschule Wismar
Abbildung 4: Gottlob-Frege-Zentrum der Hochschule Wismar
Abbildung 5: Gottlob-Frege-Zentrum der Hochschule Wismar

8. Die Frege-Wanderungen

Hans Kreher

Gottlob Frege – noch nie gehört! So ging es mir, so ging es vielen Bad Kleinern, als 1984 eine Frege-Konferenz in Schwerin stattfand. Bedeutende Wissenschaftler aus aller Welt kamen, auch aus dem „nichtsozialistischen Ausland", in die DDR (Abb. 1). Anlässlich dieser Konferenz stand ein Besuch in Freges Wohnhaus, in dem der „Aristoteles des 20. Jahrhunderts" 1925 in Bad Kleinen verstarb, auf dem Programm. In aller Eile wurde eine Gedenktafel angefertigt, damit die Gäste nicht merken sollten, dass dieser bedeutende Mathematiker und Logiker in seiner Heimat nahezu unbekannt war (Abb. 2).

Da ich mich als Lehrer in Bad Kleinen für Kultur und Bildung verantwortlich fühlte, überlegte ich, wie man Gottlob Freges Werk in seiner Heimatregion bekannt machen könne. Aber als Deutsch- und Kunstlehrer verstand ich nichts von seiner „modernen mathematischen Logik" und erst recht nicht, was „Frege entscheidend zur begrifflichen Klärung der Grundlagen der Mathematik" beigetragen hatte. Aber eine Textstelle, die damals in der Ostsee-Zeitung stand, ließ mich aufhorchen: „Neben Freges Genialität als Mathematiker und Philosoph besaß er auch eine tiefe Heimatverbundenheit. Mehrere Male wanderte er, auch noch im 6. Lebensjahrzehnt, in den Sommerferien zu Fuß von Jena nach Wismar und zurück. Die 500 km lange Strecke legte er dabei jedes Mal mit beeindruckender Pünktlichkeit zurück."

Die Idee zur Frege-Wanderung reifte in mir und ich fand Verbündete. Der damalige Kreissekretär des Kulturbundes Wismar, Kuno Weldt, war ein guter Organisator und hatte die nötigen Beziehungen, um so etwas unter DDR-Verhältnissen durchzusetzen. Der Wanderfreund Siegfried Schultz aus Bad Kleinen und Professor Poppei von der Hochschule Wismar trugen entscheidend zum Erfolg der 1. Frege-Wanderung 1987 bei. Der organisatorische Aufwand war deshalb so enorm, weil unter den Bedingungen des Mangels durch die sozialistische Planwirtschaft selbst das Anfertigen eines Wanderstempels und die Genehmigung des Papierkontingents für Ausschreibungen, Einladungen und Urkunden „Beziehungen" erforderten. Die entsprechende Druckgenehmigung, die eingeholt werden musste – selbst bei einer harmlosen Wanderung – war noch der geringste Aufwand (Abb. 3.1). Die Teilnehmerurkunden (Abb. 3.2 und 3.3) stammen aber schon aus der Zeit nach der Wiedervereinigung.

Die „Traditions-Wanderstrecke" seit der ersten Wanderung 1987 war von Siegfried Schultz bestens ausgeschildert worden. Wanderfreund Melich aus Petersdorf hatte dafür gesorgt, dass überall gute Brücken über den Wallensteingraben führten, und zwar einschließlich der „stabilen" Beschilderung. Beides steht heute noch, so dass die 25. Wanderung 2011 auf dieser traditionellen Wegführung stattfinden konnte (Abb. 7). Da seit der ersten Wanderung jeder Teilnehmer eine kleine Grafik zur Erinnerung erhielt, kann man sich heute mit ihrer Hilfe die gesamte Wanderstrecke bildlich vorstellen. Sie führte vom *Frege-Haus Bad Kleinen* (Abb. 4.1) am *Bahnhofsvorplatz* (Abb. 4.2) und am *Wasserturm* des ehemaligen Kalt-Wasser-Heilbades (Abb. 4.3) vorbei zum *Eiertunnel* (Abb. 4.4). Nach dem Eiertunnel wurden die Wanderer unterhalb des Bahnhofs an den für diese Landschaft typischen hohen Pappeln (Abb. 4.5) am Schweriner See entlang und am *Restaurant „Seeblick"* vorbei (Abb. 4.6) zum Ortsausgang von Bad Kleinen geführt. Dort sahen sie die für die mecklenburgische Landschaft typischen *Kopfweiden*, erlebten die *Schwedenschanze* (Abb. 4.7), eine sternenförmige Wallanlage, die dort die Kaufmannszüge nach dem Dreißigjährigen Krieg schützen sollte, und wanderten dann entlang des *Wallensteingrabens* (Abb. 4.8) und am *Lostener See* vorbei zum Rastplatz an der ehemaligen *Brusenbecker Mühle*. Dort gehörten vom Bad Kleiner Bäcker gesponserte Schmalzstullen zur Tradition. Am *Burgwall*, der über tausendjährigen Wehranlage von Dorf Mecklenburg (Abb. 4.9), vorbei war nach der *Mecklenburger Mühle* bald der Blick frei auf die altehrwürdige Geburtsstadt Freges, Wismar, mit ihren großen gotischen *Kirchen* (Abb. 4.10).

Damit die Wanderer auch andere Teile Mecklenburgs kennen lernen konnten, wichen die Veranstalter später von der traditionellen Wegführung ab. So fanden Wanderungen von der Insel Poel nach Wismar vorbei an den *Salzwiesen* (Abb. 5) oder von Lübstorf über *Schloss Wiligrad* statt.

Nur im Jahr 1990 gab es die Erinnerungsgrafik nicht. Diese Wanderung fand kurz vor der Einführung der D-Mark als gesamtdeutsche Währung statt. In der Noch-DDR war nirgends Druckerschwärze für die Linolschnitte aufzutreiben und mit der Ostwährung konnten wir trotz des Mauerfalls und der offenen Grenzen im Westen nicht einkaufen und Kopierer gab es ebenfalls noch nicht. Dafür war diese Wanderung die erste gesamtdeutsche, zu der nun Wanderer aus ganz Deutschland kamen. Seither kommen jedes Jahr ca. 100 bis 140 Wanderer. Siegfried Schultz ist es vor allem zu verdanken, dass die Tradition nach der Wiedervereinigung unter den veränderten Rahmenbedingungen fortgesetzt werden konnte. Anlässlich des 20-jährigen Jubiläums der Wanderung ist ein Sonderheft in der Wismarer Frege-Reihe erschienen [Wanderung06].

Später übernahmen Wolf-Dieter Aust und Friederike Aust die organisatorische Verantwortung. Das wichtigste Ziel aber war und blieb, dass mit der Wanderung die Leistungen Freges so verständlich wie möglich verbreitet wurden. Deshalb fanden nach 1990 parallel zur Wanderung Vortragsveranstaltungen zu Frege statt. Darum haben sich auch in den letzten vier Jahren meine Grafiken verändert. Der Wanderer soll sich ein „Bild" von Frege und seinen semantisch-logischen Untersuchungen machen können. (Abb. 6.1 und 6.2)

Anlässlich der 2. Frege-Konferenz 1984 in Schwerin stand auch ein Besuch von Freges Wohnhaus in Bad Kleinen auf dem Programm. Die Bewohnerin gewährte den Professoren aus aller Welt eine Führung. Man fragte nach Veränderungen, die inzwischen am Haus vorgenommen wurden. Keine wesentlichen, hieß es, allerdings sei eine Linde vor dem Haus gefällt worden. Diese Bemerkung ließ aufhorchen, denn in seinem späten Aufsatz „Der Gedanke" [FregeG] stellt Frege die Frage „Ist jene Linde eine Vorstellung?"

Mit solchen Fragen schuf Frege die Voraussetzungen für den Computer, indem er logisch die Zahl, den Begriff und den Gegenstand von „Vorstellungen" abgrenzte.

Die Professoren nahmen „Reliquien" der Linde mit nach Hause und hatten durch den Besuch in Bad Kleinen eine „Vorstellung" von Freges Arbeitsweise.

Die Linde auf dem Bild (Abb. 6.2) ist übrigens eine „Vorstellung", eine Fiktion: Denn, wir wissen nicht, wo die Linde wirklich stand.

In Bad Kleinen gibt es den Frege-Freundeskreis. Aus seiner Mitte ist eine kleine Publikation zu Freges wissenschaftlichem Nachlass entstanden [Thrams10]. Auch das Gottlob-Frege-Zentrum der Hochschule Wismar widmet sich der Popularisierung von Freges Ideen im Zusammenhang mit der Wanderbewegung (siehe Buchbeitrag 9 zur Frege-Tradition).

Fragt man heute in seiner Heimatregion nach Gottlob Frege, so kann man vielleicht hören:

„Gottlob Frege – hat der nicht etwas mit Computern zu tun?"

Immerhin! Wanderer wissen, dass man Ausdauer braucht, um lange Strecken zu bewältigen.

Bilderteil

Anmerkung: bei Grafiken ist in Klammern der Name des Künstlers angegeben.

Abb. 1: Mappe zur 2. Frege-Konferenz in Schwerin 1984

Abb. 2: Gedenktafel am Frege-Haus in Bad Kleinen

Ausschreibungen und Urkunden

Abb. 3.1: Ausschreibung zur 1. Frege-Wanderung 1987

Abb. 3.2: Urkunde zur 17. Frege-Wanderung 2003

Abb. 3.3: Urkunde zur 22. Frege-Wanderung 2008

Grafiken zur Traditionswanderstrecke von Bad-Kleinen nach Wismar

Abb. 4.1: Frege-Haus Bad Kleinen
(Uta Kummerfeld)

Abb. 4.2: Treffpunkt Bahnhof (Hans Kreher)

Abb. 4.3: Wasserturm Bad Kleinen (Synke Kreher)

Abb. 4.4: Eiertunnel (Hans Kreher)

Abb. 4.5: Wanderweg am Schweriner See (Hans Kreher)

Abb. 4.6: Restaurant „Seeblick" (Hans Kreher)

Abb. 4.8: Brücke über den Wallensteingraben (Hans Kreher)

Abb. 4.7: Schwedenschanze (Hans Kreher)

Abb. 4.9: Wallanlage Dorf Mecklenburg (Synke Kreher)

Abb. 4.10: Wismar, Niko-
laikirche (Hans Kreher)

Grafik zur Wanderstrecke von der Insel Poel nach Wismar

Abb. 5: Salzwiesen bei Poel (Hans Kreher)

Grafiken zum Wirken Freges

Gottlob Frege

Mathematiker,
Philosoph und Naturfreund

Frege besaß eine tiefe Heimatverbundenheit. Mehrere Male wanderte er,
auch noch im 6. Jahrzehnt, zu Fuß von Jena nach Wismar und zurück.
Die 500 km lange Strecke legte er dabei jedes Mal mit beeindruckender
Pünktlichkeit zurück.

Abb. 6.1: Frege als Wanderer (Hans Kreher)

Die philosophische Frage:
„Was ist wirklich wahr?"

Anlässlich einer Frege-Konferenz 1984 stand auch ein Besuch von Freges Wohnhaus in Bad Kleinen auf dem Programm. Die Bewohnerin gewährte den Professoren aus aller Welt eine Führung . Man fragte nach Veränderungen, die inzwischen am Haus vorgenommen wurden. Keine wesentlichen, hieß es, allerdings sei eine Linde vor dem Haus gefällt worden. Diese Bemerkung ließ aufhorchen, denn in seinem späten Aufsatz „Der Gedanke" stellt Frege die Frage „Ist jene Linde eine Vorstellung?"
Mit solchen Fragen schuf Frege die Voraussetzungen für den Computer, indem er logisch die Zahl, den Begriff und den Gegenstand von „Vorstellungen" abgrenzte.
Die Professoren nahmen „Reliquien" der Linde mit nach Hause und hatten durch den Besuch in Bad Kleinen eine „Vorstellung" von Freges Arbeitsweise. Die Linde auf dem Bild ist übrigens eine „Vorstellung", eine Fiktion: Denn, wir wissen nicht, wo die Linde wirklich stand.

Abb. 6.2: Frege-Haus Bad Kleinen mit der Linde (Hans Kreher)

Abb. 7: Altes Wanderschild in Hohen Viecheln

Bildnachweis

Hans Kreher, Bad Kleinen

9. Zur Frege-Tradition an der Hochschule Wismar

Dieter Schott

Frege-Konferenzen

Die Ideen von Gottlob Frege wurden zunächst vor allem im englisch-amerikanischen Raum gewürdigt und weiterentwickelt. Erst spät nahm man in Deutschland seine großen Leistungen zur Kenntnis. Im westlichen Teil Deutschlands wurden 1973 in Bad Homburg und 1991 in München *Frege-Symposien* veranstaltet.

In der damaligen DDR fand vom 7. bis 11. Mai 1979 an der Universität Jena die erste *Frege-Konferenz* statt. Es kamen Philosophen, Mathematiker, Logiker und Informatiker aus Europa, Nord- und Südamerika sowie Asien. Anlass waren 100 Jahre *Begriffsschrift* [FregeBS]. Die zweite *Frege-Konferenz*, ebenfalls von Jenaer Kollegen organisiert, wurde vom 10. bis 14. September 1984 in Schwerin mit großer internationaler Beteiligung durchgeführt. Anlass waren 100 Jahre *Grundlagen der Arithmetik* [FregeGLA]. Während der Eröffnungsveranstaltung im Plenarsaal des Schweriner Schlosses sprach Prof. Lothar Kreiser aus Leipzig zur Entstehungs- und Wirkungsgeschichte der „Grundlagen". Von Schwerin aus gab es Ausflüge nach Wismar und Bad Kleinen, um die Orte zu besuchen, die an Frege erinnern. Seit dieser Zeit engagieren sich auch die Hansestadt Wismar und die Hochschule Wismar für das Frege-Erbe. Hier haben sich besonders die Wismarer Mathematiker Prof. Wolfgang Eichholz und Prof. Eberhard Vilkner verdient gemacht, die später zu den Gründungsmitgliedern des Gottlob-Frege-Zentrums gehörten (siehe nächsten Abschnitt).

Es folgten dann Jenaer *Frege-Kolloquien* in den Jahren 1989, 1991, 1993, 1996 und 1998. Anlässlich des 150. Geburtstages von Frege fand im Jahre 1998 in Wismar eine offizielle Frege-Ehrung statt. Auf der Festveranstaltung im Bürgerschaftssaal des Wismarer Rathauses sprach Prof. Franz von Kutschera aus Regensburg am 8. November über „Frege und die Realität der Ideen". Bekannte Forscher machten außerdem im Festjahr 1998 die Wismarer Öffentlichkeit in einer populärwissenschaftlichen Vortragsreihe auf die Bedeutung von Frege aufmerksam. Gegenwärtig bereitet das Gottlob-Frege-Zentrum an der Hochschule Wismar die dritte internationale *Frege-Konferenz* vor, die im Mai 2013 tagen soll.

Das Gottlob-Frege-Zentrum

Das Gottlob-Frege-Zentrum (kurz GFC in Anlehnung an die englische Form Gottlob Frege Centre) wurde als Kompetenzzentrum für anwendungsorientierte Grundlagenwissenschaften auf Initiative des Autors am 7.11.2000, einen Tag vor dem 75. Todestag von Gottlob Frege, an der Hochschule Wismar im Rahmen einer Festveranstaltung gegründet. Zu den Gründungsmitgliedern zählten 12 Hochschullehrer aus den Grundlagenfächern (Mathematik, Informatik, Theoretische Elektrotechnik) der Fakultäten für Ingenieurwissenschaften und Wirtschaftswissenschaften. Dieser Kreis hat sich bis heute im Wesentlichen erhalten, denn auch die Ruheständler fühlen sich dem Zentrum noch verbunden. Zurzeit befindet sich das Zentrum in einem Verjüngungsprozess. Die Leitung des Zentrums hatten Prof. Norbert Grünwald und der Autor bis Ende 2010 inne. Seit Anfang 2011 leitet Prof. Uwe Lämmel das Zentrum. Maßgeblichen Anteil an den vielfältigen Initiativen hat insbesondere auch Dr. Gabriele Sauerbier.

Das Zentrum versteht sich einerseits als Interessenvertretung der Grundlagenausbildung an der Hochschule und andererseits als Kompetenzzentrum für Fragen der Logik, der Mathematik und der Mathematik-Didaktik. Neben einer Popularisierung der in der Öffentlichkeit wenig geschätzten Mathematik werden auch die Leistungen von Gottlob Frege gewürdigt sowie in der Stadt Wismar und ihrer Umgebung selbst, überregional und weltweit bekannt gemacht. Die große Fernwirkung seiner Werke in die heutige Zeit, die besonders in der Informatik und ihrer wirtschaftlichen Verwertung auch öffentlich sichtbar wird, nehmen wir zum Anlass, die Bedeutung der Mathematik für unsere Welt und unsere Zukunft herauszustellen. Daraus folgt zwingend, dass wir mathematisch gut ausgebildete Ingenieure und Wirtschaftsfachleute benötigen, die mit Sachkompetenz und Kritikfähigkeit die Entwicklung unseres Landes begleiten. Im Gegensatz dazu stehen die unbefriedigenden Mathematikkenntnisse vieler Studienanfänger. Dabei wird der negative Trend gegenwärtig eher verstärkt. Die Mitglieder des Zentrums versuchen durch eine Reihe von Maßnahmen, diese auch international spürbare Tendenz umzukehren, aufzuhalten oder wenigstens abzuschwächen. In Zeiten der Globalisierung verbindet das Zentrum seine Initiativen mit internationalen Aktivitäten. Daher gab und gibt es Kooperationen mit internationalen Organisationen, die sich mit der Ausbildung von Studenten der Ingenieur- und Wirtschaftswissenschaften befassen, insbesondere auf mathematischem Gebiet:

- UICEE (UNESCO International Centre for Engineering Education), inzwischen aufgelöst;
- WIETE (World Institute for Engineering and Technology Education), Nachfolgeorganisation von UICEE, Melbourne, Australien;
- ECEBE (European Centre for Engineering and Business Education), Wismar, Deutschland;
- SEFI MWG (Europäische Gesellschaft für Ingenieurausbildung, Mathematische Arbeitsgruppe), Paris, Frankreich.

Weiterhin unterstützt das Zentrum das internationale Doktorandenseminar OWD, das die Ingenieurfakultät der Universität Gliwice (Polen) in Wisła jährlich durchführt. Dort werden auch Preise für die besten Arbeiten junger Akademiker aus dem Ingenieurbereich vergeben.

Ziele und Aufgaben des Zentrums:

- Stärkung, Modernisierung und Internationalisierung der Mathematikausbildung (wissenschaftliche Grundlagen und praktische Anwendungen; moderne Inhalte, Lehrformen und Hilfsmittel; internationaler Austausch von Ideen, Projekten und Lehrmaterial),
- Förderung leistungsstarker und leistungsschwacher Studenten im Fach Mathematik (z. B. Känguru-Wettbewerb mit Mathematikaufgaben, oder LIMES: Lern- und Informationszentrum Mathematik für Erstsemester-Studenten mit Auffrischungskurs zu Studienbeginn und studienbegleitenden Konsultationen, siehe Abbildung 6),

- Kooperation mit Schulen zur Förderung des Mathematikunterrichts und zur Studienvorbereitung,
- Popularisierung der Mathematik und des Frege-Erbes in der Öffentlichkeit.

Aktivitäten des Zentrums:

- Durchführung nationaler und internationaler Tagungen mit dem Thema „Mathematik für Ingenieure" seit 2001 (seit 2011: „Mathematik für ingenieurwissenschaftliche Studiengänge", siehe z. B. Abbildungen 10–11),
- internationaler Austausch von Dozenten und Studenten auf dem Gebiet der Mathematik,
- Teilnahme von Mitgliedern des GFCan den jährlichen Gottlob-Frege-Wanderungen (siehe Beitrag 8 von Hans Kreher),
- Herausgabe der Wismarer Frege-Reihe mit Beiträgen zur Mathematiklehre und zur Frege-Tradition seit 2005 ((ISSN 1862-1767, siehe auch Literaturverzeichnis),
- Durchführung von öffentlichen Kolloquien mit Vorträgen von Frege- und Mathematik-Experten (siehe Abbildungen 2–5),
- öffentliche Podiumsdiskussion zur Person Freges und seinen politischen Ansichten (November 2008),
- Stiftung einer Tafel zur Frege-Büste im Skulpturenpark an der Wismarer Marienkirche (feierliche Enthüllung der Tafel im Dezember 2009, siehe Zentraler Bilderteil 12),
- Teilnahme von Mitgliedern des GFC am Frege-Lesekreis (2009–2010, Leitung: Pastor Dr. Brückner),
- Veranstaltung einer Frege-Ausstellung im Wismarer Zeughaus (November 2010, siehe Abbildungen 7–9).

Weitere Informationen findet man auf der Netzseite:
http://www.hs-wismar.de/frege

Abbildung 1: Logo des Gottlob-Frege-Zentrums

Kolloquien des Gottlob-Frege-Zentrums

Abbildung 2: Frege-Kolloquium 2008 in Wismar, Professor Gabriel (Jena) beim Vortrag zur Philosophie Freges mit Auszug aus der Begriffsschrift an der Projektionswand

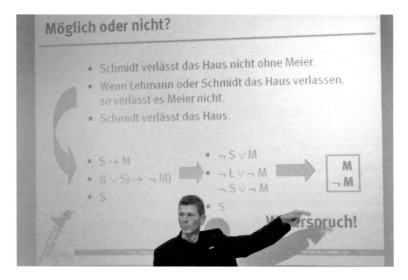

Abbildung 3: Frege-Kolloquium 2008 in Wismar, Professor Lämmel (Wismar) beim Vortrag zu Freges Logik

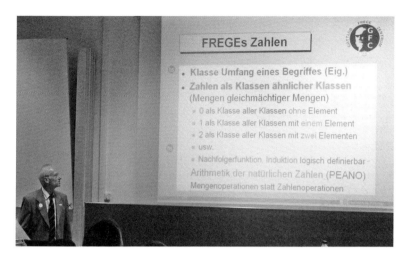

Abbildung 4: Frege-Kolloquium 2008 in Wismar, Professor Schott (Wismar) beim Vortrag zu Freges logischer Begründung der Mathematik

Abbildung 5: Frege-Kolloquium 2009 in Wismar, Professor Kienzle (Rostock) beim Vortrag zu Freges Zahlen

Zusatzangebote zur Mathematikausbildung im Ingenieurbereich

Abbildung 6: Professor Grünwald (rechts außen), Rektor der Hochschule Wismar und Vorsitzender der Hochschulstiftung, übergibt den Mitgliedern des Gottlob-Fre-ge-Zentrums Professor Schott, Dr. Sauerbier und Professor Kossow (von links nach rechts) einen Förderscheck der Stiftung für das Projekt LIMES zur Unterstützung der Mathematikausbildung (2007).

Frege-Ausstellung des Gottlob-Frege-Zentrums November 2010, Zeughaus Wismar

Abbildung 7: Aufsteller zur Frege-Ausstellung im Eingangsbereich des Zeughauses

Abbildung 8: Eröffnung der Frege-Ausstellung durch den Bürgermeister der Stadt Wismar, Herrn Thomas Beyer (vorn links), im Beisein von Mitgliedern des Gottlob-Frege-Zentrums und weiterer interessierter Bürger

Abbildung 9: Angeregte Gespräche nach der Eröffnung der Frege-Ausstellung, hier v.l.n.r. Prof. Schott, Prof. Vilkner (beide GFC), Herr Langemann und Bürgermeister Beyer

15. Seminar der SEFI MWG und 8. Workshop des GFC
Juni 2010, Hochschule Wismar

Abbildung 10: Professor Schott (Wismar, Tagungsleiter) im Gespräch mit Professor Håkan Lennerstad (Schweden) vor dessen Poster zur Klassifizierung von Funktionen

Abbildung 11: Professor Neil Challis (Großbritannien) beim Einladungsvortrag „Learning Mathematics by Doing Mathematics" während der Tagung

Bildnachweis

Abbildungen 1–11: Gottlob-Frege-Zentrum der Hochschule Wismar

10. Frege in Jena

Uwe Dathe und Sven Schlotter

Als Frege 1869 aus Wismar nach Jena kam, lebten dort 8 000 Menschen, die Stadt hatte noch keinen Eisenbahnanschluss und kein Gymnasium, an der Universität existierten weder eine wissenschaftliche Prüfungskommission noch mathematisch-naturwissenschaftliche Seminare oder Institute; als er 1918 Jena verließ, zählte die Stadt 50 000 Einwohner, es gab mehrere Bahnhöfe, drei höhere Schulen, zwei moderne Großunternehmen, die den Weltmarkt für optische Gläser und Geräte beherrschten, und Universitätsinstitute, die sich der angewandten mathematisch-naturwissenschaftlichen Forschung widmeten. Aus dem „Universitätsdorf" (Ernst Haeckel) war eine moderne Industrie- und Universitätsstadt geworden. Die Stadt blieb dennoch übersichtlich, die Universität konnte ihren klassisch-beschaulichen Charakter bewahren. Die Professoren lebten bis 1918 im kleinen Stadtzentrum oder zentrumsnahen Villenvierteln, trafen sich auf Spaziergängen und Universitätsfluren, in wissenschaftlichen Gesellschaften und privaten Kränzchen und beteiligten sich am lokalen politisch-gesellschaftlichen Leben. Frege war Teil des Jenaer akademischen Mikrokosmos und unterhielt vielfältige persönliche Kontakte, die sich auch in seinem wissenschaftlichen Werk niederschlugen.

Warum zog Frege nach seinem Abitur an der Großen Stadtschule in Wismar nach Jena und studierte nicht im nahegelegenen Rostock? Warum wählte er als Studienort nicht Berlin, Halle oder Göttingen, drei Zentren mathematischer Forschung und Lehre? Freges Entscheidung ging sicher auf eine Empfehlung von Leo Sachse zurück, der ab 1868 an der Großen Stadtschule in Wismar Mathematik und Naturwissenschaften unterrichtete. Der aus Weimar stammende Sachse hatte selbst in Jena studiert und wusste also, dass dies der ideale Ort für Studienanfänger war, die wie Frege eine weniger anspruchsvolle gymnasiale

Mathematikausbildung genossen hatten. 1876 kehrte Sachse als Lehrer nach Jena zurück, wo gerade ein Gymnasium gegründet worden war. Frege und Sachse trafen sich von da an auf mathematischen und naturwissenschaftlichen Vortragsabenden, waren ab 1887 sogar Nachbarn und tauschten sich über Grundlagenfragen der Mathematik aus. Es war wahrscheinlich Sachse, der Frege mit Herbarts Gedanken zur Logik und Mathematik vertraut gemacht und ihm somit wichtige Anregungen für dessen Analysen zum Verhältnis von Existenz- und Zahlaussage gegeben hat. Frege hat den auch als Heimatdichter bekannten Mathematiklehrer Zeichen des Andenkens gewidmet – sein Name taucht als Beispiel in einigen seiner Texte auf.

Frege wurde im April 1869 in Jena immatrikuliert, nahm ein Zimmer bei der Familie, die Jahre zuvor auch Leo Sachse beherbergt hatte, und begann sehr zielstrebig zu studieren. Er hörte bei den beiden didaktisch begabten Professoren Hermann Schäffer und Carl Snell die grundlegenden Vorlesungen in Mathematik und Physik, besuchte die berühmte Kant-Vorlesung des Philosophen Kuno Fischer und belegte mehrere Vorlesungen bei dem Chemiker Anton Geuther. Freges Chemiestudium hinterließ Spuren in seinem Werk. So dient die chemische Metapher der „Ungesättigtheit" dem Logiker zur Erläuterung des Wesens der Funktion und führt zur Ausbildung des kategorialen Unterschieds zwischen Gegenstand und Begriff. Freges wichtigster Lehrer war Ernst Abbe, mit dem ihn auch bald eine enge persönliche Beziehung verband. Noch kurz vor seinem Tod erinnerte sich Frege an Abbe: „Professor Abbe in Jena ist einer der edelsten Menschen gewesen, die mir auf meinem Lebenswege begegnet sind. Er war, als ich in Jena studierte, zuerst mein hochverehrter Lehrer, besonders in Fächern der mathematischen Physik. Dank seiner Vorlesungen ist mir die Einsicht in das Wesen dieses Wissenszweiges aufgegangen." [FregeT, S. 1067] Abbe erkannte die außerordentliche mathematische Begabung Freges und dessen großes Interesse für Grundlagenprobleme. Um diese Begabung reifen zu lassen, musste Frege Jena verlassen, viele Gebiete der modernen Mathematik wurden hier nicht gelehrt. Frege wechselte wie einst Abbe für fünf Semester nach Göttingen, wo er 1873 mit einer Arbeit zur Geometrie promoviert wurde. Da die Aussichten auf eine akademische Laufbahn in Jena weitaus besser waren als in Göttingen – in Göttingen tummelten sich die mathematischen Talente, Frege wäre eines unter vielen gewesen –, kehrte Frege an die Jenaer Universität zurück. Er habilitierte sich mit einer Arbeit zur Funktionentheorie, die Abbe als ausgezeichnet bewertete. In dieser Schrift äußerte sich Frege erstmals zu mathematischen Grundlegungsfragen und knüpfte mit seinen Anschauungen an Gedanken des Mathematikers Hermann Graßmann an, die im wissenschaftlichen Kreis um Abbe gründlich besprochen wurden. Die zügige Habilitation lag im Interesse der Fakultät, da sich Snell wegen Krankheit aus der Lehre zurückzog und Abbe durch seine vielfältigen Aufgaben in der Firma von Carl Zeiss so in Anspruch genommen war, dass er kaum noch Vorlesungen halten konnte. Frege war vom Sommersemester 1874 an als Privatdozent tätig und übernahm vor allem die Vorlesungen zu den höheren Gebieten der Mathematik. Als Privatdozent bezog Frege kein festes Gehalt, sondern verfügte nur über die Kolleggelder, die seine Hörer zu zahlen hatten. Da viele von ihnen ein amtliches Armutszeugnis vorlegen und somit kostenfrei studieren konnten, war Frege auf andere Geldquellen angewiesen. Zum einen unterstützte ihn seine Mutter, zum anderen unterrichtete er zwischen 1876 und 1882 an der Pfeifferschen Lehr- und Erziehungsanstalt, einer höheren Bürgerschule.

Abbes wissenschaftliches und unternehmerisches Engagement bei Zeiss, dessen Teilhaber er 1875 wurde, der Aufstieg der Firma zum Großbetrieb, die Gründung des Gymnasiums 1876, der Ausbau der Pfeifferschen Anstalt zu einer modernen Oberrealschule, die Anbindung der Stadt an das Eisenbahnnetz – all das zeigt, dass die Stadt Jena Mitte der 1870er Jahre einen rasanten Modernisierungsschub erlebte. Die Universität schien hier nicht mithalten zu können. Die vier thüringischen Kleinstaaten, die sie unterhielten, waren mit der Finanzierung des Lehr- und Forschungsbetriebs chronisch überfordert. Die Lage war so ernst, dass Gerüchte über eine drohende Schließung der Universität immer wieder die Runde machten. Im Frühjahr 1879 besserten die vier Erhalterstaaten das Universitätsbudget etwas auf, und so konnte endlich der eine (!) gemeinsame Lehrstuhl für Mathematik und Physik aufgelöst und das neue Ordinariat für Mathematik mit Johannes Thomae, einem ausgezeichneten Forscher und vielseitigen Lehrer, besetzt werden. Durch das Testament des Altenburger Bankiers Ernst Ludwig Reichenbach kam die Universität 1881 in den Genuss eines bedeutenden Stiftungsvermögens, das u. a. für die Professorenbesoldung eingesetzt wurde. Eine langfristige Konsolidierung der Universitätsfinanzen erfolgte ab Mitte der 1880er Jahre. Abbes grundlegende Entdeckungen auf optischem Gebiet ermöglichten es Zeiss, ab Anfang der 1880er Jahre optische Präzisionsgeräte fabrikmäßig herzustellen. Außerordentlich begünstigt wurde diese Entwicklung durch die glastechnischen Entdeckungen von Otto Schott, die ab 1884 zur industriellen Fertigung optischer Gläser führten. Die Gewinne von Zeiss und Schott bildeten die Basis für Abbes sozialpolitische Innovationen. Im Jahre 1889 rief er die Carl-Zeiss-Stiftung ins Leben, der er seine gesamten Vermögensanteile an beiden Unternehmen übereignete. Die Stiftung arbeitete nach einem 1896 entworfenen und 1900 erweiterten Statut, das die Rechte der Arbeiterschaft in vorbildlicher Weise regelte. Darüber hinaus hatte Abbe einen beträchtlichen Teil der Stiftungserträge für Zwecke der Universität vorgesehen, um auf diese Weise den sein ganzes Schaffen bestimmenden engen Zusammenhang zwischen Wissenschaft und Industrie zu unterstreichen. Mit Hilfe der Stiftungszuwendungen konnten Universitätsinstitute errichtet, Forschungsprojekte unterstützt und Professorengehälter aufgebessert werden.

Vor diesem Hintergrund kann man die einführenden Sätze der „Begriffsschrift" [FregeBS], dem ersten Hauptwerk Freges, als eine Referenz an Abbe lesen. Dort vergleicht Frege das Verhältnis seiner logischen Zeichensprache zur Sprache des Lebens mit dem des Mikroskops zum Auge. Damit ist zugleich der durchaus selbstbewusste Anspruch erhoben, dasjenige, was Abbe für die Entwicklung des optischen Präzisionsinstruments geleistet hat, nun auch für das Instrument Logik zu leisten. Umso erstaunlicher ist es, dass die meisten Jenaer Kollegen, ja selbst Abbe, die Idee der Begriffsschrift nicht verstanden. Seine Bemerkung in einem Fakultätsgutachten, dass die „Begriffsschrift" nur ein Nebenprodukt von Freges mathematischer Forschung sei und keineswegs als „glückliches

1840 · ERNST ABBE · 1905

Abbildung 1: Adolf von Hildebrand: Bronzebüste Ernst Abbes

schriftstellerisches Debut" gelten könne, ist bezeichnend. Selbst

Freges engster Vertrauter war überrascht und bestürzt – Abbe kannte Freges Lehrmethode und akzeptierte, dass viele Studenten Frege kaum folgen konnten, hatte aber keinen Einblick in die wissenschaftlichen Bemühungen seines Kollegen. Ist Abbes Urteil der Beleg dafür, dass Frege von 1874 bis 1878 gar keine wissenschaftlichen Kontakte in Jena hatte? Als der Philosoph Rudolf Eucken am 6. Januar 1879 ein Fakultätszirkular über die Ernennung eines Botanikers zum außerordentlichen Professor unterzeichnen sollte, fügte er eine Empfehlung hinzu. Die Fakultät, so Eucken, solle doch auch Frege vorschlagen, der für die Lehre wichtig sei und „soeben eine mathematisch-philosophische Arbeit *Begriffsschrift* veröffentlicht habe". Erst auf diese Anregung hin forderte der Dekan Snell und Abbe auf, Gutachten zu Frege vorzulegen. Auf Vorschlag der Philosophischen Fakultät wurde Frege im Januar 1879 zum außerordentlichen Professor ernannt. Eucken, das zeigt die Ernennungsgeschichte sehr schön, wusste über Freges Forschungen Bescheid. Im Vorwort zur „Begriffsschrift" verweist Frege etwas überraschend auf den Philosophen Friedrich Adolf Trendelenburg, dem er nicht nur die Bezeichnung „Begriffsschrift", sondern auch Impulse für seine Leibniz-Interpretation verdankt. Trendelenburg war schon wenige Jahre nach seinem Tod ein vergessener Denker, mit dem sich nur einige seiner treuesten Anhänger gelegentlich befassten. Eucken war einer von ihnen, und so war er es, der Frege auf Trendelenburg und Leibniz hinwies. Dieser Hinweis ermöglichte es Frege, seine Begriffsschrift philosophisch einzuordnen und damit Logikern und Philosophen den Zugang zu erleichtern. Seit seinem Ruf nach Jena (1874) forschte Eucken vornehmlich zur Begriffs- und Terminologiegeschichte. Es ging ihm dabei weder um eine rein antiquarische Geschichtsbetrachtung noch um den Entwurf einer philosophischen Kunstsprache. Mit seiner historischen Sprachkritik wollte er die philosophische Sprache klar von der Alltagssprache unterscheiden. In der „begrifflichen Zweckmäßigkeit", in der Eindeutigkeit der Bezeichnung und in der Aufdeckung unkontrollierter Vorstellungen sah Eucken Eigenschaften einer philosophischen Fachsprache. Ein sorgfältig gewähltes System philosophischer Termini war für ihn eine notwendige Bedingung, um begriffliche Beziehungen erfassen zu können. „Täuschungen, die durch den Sprachgebrauch fast unvermeidlich entstehen" [FregeBS, S. VI f.] wollten, jeder auf seinem Gebiet, Frege und Eucken aufdecken. In den 1880er und frühen 1890er

Jahren nahmen Frege und Eucken, die von 1887 bis 1910 am Jenaer Forstweg unmittelbare Nachbarn waren, häufig aufeinander Bezug. Eucken schrieb eine der wenigen Rezensionen der „Grundlagen der Arithmetik" [Eucken86] und griff in seinem systematischen Hauptwerk „Die Einheit des Geisteslebens in Bewusstsein und That der Menschheit" [Eucken88] an zahlreichen Stellen auf Freges Psychologismuskritik zurück, Frege zitierte Eucken in den „Grundlagen" [FregeGLA] und rezipierte sprachphilosophische Anregungen Euckens in seinen bahnbrechenden Aufsätzen von 1891/92. Auch als sich ihre wissenschaftlichen Wege längst getrennt hatten und Eucken als Literaturnobelpreisträger des Jahres 1908 eine kulturpolitische Berühmtheit war, blieb der stille Gelehrte Frege dem weltweit auftrumpfenden Publikumsphilosophen freundschaftlich verbunden.

Frege, der die Vorlesung über Begriffsschrift zunächst als philosophische Veranstaltung angekündigt hatte, kam in Jena auch mit den anderen Philosophen zusammen. Das zeigen sowohl Briefe als auch zahlreiche philosophische Gedankensplitter in seinem Werk bzw. in dem seiner Jenaer Kollegen. Im Kreis um Snell traf Frege Carl Fortlage, mit dem er wahrscheinlich über Fragen der logischen Notation sprach, er verkehrte mit Richard Falckenberg, der als Herausgeber der „Zeitschrift für Philosophie und philosophische Kritik" auch nach seiner Jenaer Zeit alles veröffentlichen wollte, was Frege ihm anbot, er rezipierte Gedanken des Neukantianers Otto Liebmann, der sich revanchierte und seinerseits auf Schriften Freges verwies. Über Kant diskutierte Frege auch mit Johannes Volkelt.

Mit der Ernennung zum Extraordinarius war eine vorerst bescheidene Vergütung verbunden, die später durch Anteile von Abbes Professorengehalt bedeutend aufgebessert wurde. Frege konnte nun an die Gründung eines eigenen Hausstandes denken. Seine Mutter zog um 1880 zu ihm. Frege begann Pläne für den Bau eines eigenen Hauses zu entwerfen und konnte nach dem Verkauf der Privatschule seiner Eltern diese Pläne auch umsetzen. Nachdem er zu Beginn des Jahres 1887 die aus Mecklenburg stammende Margarete Lieseberg geheiratet hatte, zog er mit Frau und Mutter noch im selben Jahr in das Haus am Forstweg 10 (heute 29).

Den ersten Stock vermietete er an einen Kollegen, den Philologen Rudolf Hirzel, der dort zusammen mit seiner Frau bis 1913 wohnte. Zwischen dem Hausbesitzer und seinem langjährigen Mieter kam es

Abbildung 2: Freges Wohnhaus im Forstweg 29

zum Gedankenaustausch. Der philosophisch beschlagene Hirzel machte Frege mit den Auffassungen der Stoa zur Logik und Semantik bekannt. Aber auch in charakterlicher Hinsicht lassen sich auffällige Gemeinsamkeiten zwischen den beiden Professoren feststellen. Hirzel führte ein zurückgezogenes Gelehrtenleben und hielt sich, ganz in seinen Studien aufgehend, von allen Lustbarkeiten fern. Insofern passte er bestens zu dem versonnenen Grübler Frege. Fast alle Schilderungen Freges zeichnen das Bild eines scheuen, introvertierten, verschlossenen Menschen. Dieses Bild ist allerdings vor einem besonderen Hintergrund entstanden: Die Jenaer Professorenschaft lebte sehr gesellig. Es gab private Zirkel, feste Spaziergangsgemeinschaften, literarisch-künstlerische Salons; viele Jenaer Professoren nutzten jede Gelegenheit, um außerhalb der Universität zu Musik, literarischen Abenden, Ausflügen, Kaffeehausbesuchen und Bierrunden zusammenzukommen – die Tagebücher des Historikers Alexander Cartellieri und die Briefe Rudolf Euckens legen davon Zeugnis ab. Geselligkeit ohne Bezug zur Wissenschaft liebte Frege wirklich nicht. Er verbrachte seine Freizeit anders. Am liebsten wanderte er mit seinem Hund in der schönen Jenaer Umgebung. Mit Kollegen, die seine

Wanderleidenschaft teilten, kam Frege dann auch ins Gespräch. So berichtet der konservative Historiker Dietrich Schäfer, der von 1877 bis 1885 in Jena lehrte, von gemeinsamen Wanderungen mit Frege. Und Cartellieri erinnerte sich an Freges Tierliebe und Wanderlust: „Er besaß einen kleinen Hund, den er sehr liebte, obwohl er kein reinrassiges Tier war. […] Er wanderte alljährlich zu Fuß mit seinem Hund an die See und schilderte mir gelegentlich, welch großen Reiz es habe, wenn man ganz allmählich die noch fernen Linien der Berge am Horizont auftauchen und wieder verschwinden sehe. Davon habe man sehr viel mehr als von der eiligen Eisenbahnfahrt. Es war interessant, ihm dabei zuzuhören." [ThULB Jena, Nachlass Cartellieri 23/2] Gegen Ende seiner Jenaer Zeit trat Frege der Jenaer Ortsgruppe des Bundes für deutsches Jugendwandern als förderndes Mitglied bei.

Sobald sich die Möglichkeit für einen wissenschaftlichen Austausch ergab, war Frege hellwach. Mit seinen Nachbarn am Forstweg – Sachse, Eucken, Hirzel, Cartellieri – kam er immer wieder ins Gespräch, seine Unterhaltungen mit dem Theologen Bernhard Pünjer hat Frege sogar literarisch festgehalten [FregeNS, S. 60–75]. Und viele Briefe Freges zeigen, dass Männer, die ihn um eine wissenschaftliche Unterredung baten, freundlich empfangen wurden. Seit seiner Ankunft in Jena war Frege ein aktives Mitglied größerer wissenschaftlicher Gesellschaften. Von 1869 bis 1879 gehörte er der von Schäffer gegründeten Mathematischen Gesellschaft an, in der fortgeschrittene Studenten, Mathematiklehrer und Universitätsdozenten über die Fragen, an denen sie gerade arbeiteten, diskutierten. Von Frege sind sieben Vorträge bekannt. Bis in die 1880er Jahre nahm Frege an den Gesprächsrunden teil, die sich bei Snell oder Abbe versammelten. Die Atmosphäre in diesen Runden, zu denen neben den Gastgebern Zoologen, Psychologen und Sprachwissenschaftler, aber auch ältere Damen, deren Väter noch mit Goethe verkehrt hatten, gehörten, schildert Felix Auerbach. [Auerbach18, S. 162 f.] Wie fast alle naturwissenschaftlich interessierten Jenaer Dozenten war Frege Mitglied der 1853 gegründeten Jenaischen Gesellschaft für Medizin und Naturwissenschaft. Vor diesem Forum hielt er mehrere Vorträge und in der Vereinszeitschrift, die fast allen großen europäischen naturwissenschaftlich-mathematischen Gesellschaften zugesandt wurde, publizierte Frege wichtige Aufsätze. Und, weil Frege nach den buchhändlerischen Misserfolgen mit der „Begriffsschrift" und den „Grundlagen der Arithmetik" keinen Verleger finden konnte, ließ er die „Grundgesetze der Arithmetik" [FregeGGA] auf eigene Kosten in Jena bei Hermann Pohle drucken und verlegen.

Johannes Thomae, der ebenso wie Abbe mit der „Begriffsschrift" nichts anfangen konnte, kam bald nach seinem Amtsantritt in Jena mit Frege in Kontakt. In Briefen an den befreundeten Mathematiker Ferdinand von Lindemann berichtete er ausführlich über Frege. Thomae gründete in Jena ein Mathematisches Seminar, das er gemeinsam mit Frege leitete. Thomae und Frege vertraten die mathematischen Disziplinen in der wissenschaftlichen Prüfungskommission und stimmten sich über Jahrzehnte über alle mathematischen Vorlesungen ab. Frege hielt die üblichen Pflichtvorlesungen, so z. B. regelmäßig „Analytische Mechanik", las aber auch immer wieder über Begriffsschrift. In den „Grundlagen der Arithmetik" setzte sich Frege kritisch mit dem vor allem von Hermann Hankel, Eduard Heine und Thomae ausgearbeiteten Formalismus in Bezug auf die Grundlegung der Arithmetik auseinander. Thomae verwarf nach Freges Kritik seinen Versuch, den Begriff der Anzahl auf die empirische Zeitanschauung zurückzuführen, übernahm

Abbildung 3: Haus der ehemaligen Druckerei Pohle, in der Frege die beiden Bände der „Grundgesetze der Arithmetik" drucken ließ

Freges Definition und bemerkte, dass „eine genaue Untersuchung der allgemeinen Zahlen einen logischen Charakter tragen würde" [Thomae98, S. 1]. In den 1890er Jahren sprachen Frege und Thomae intensiv über mathematische Grundbegriffe [FregeWB, S. 60] und kamen auch privat zusammen. Das gute Verhältnis zwischen den beiden Mathematikern erleichterte Freges Ernennung zum ordentlichen Honorarprofessor im Jahr 1896. Nachdem universitätspolitische Gründe für diese Ernennung weggefallen waren, versuchte der Kurator der Universität, die Beförderung Freges zu verhindern. Erst die Initiative Abbes, verbunden mit der Zusage, für Freges Honorar Mittel der Carl-Zeiss-Stiftung zur Verfügung zu stellen, konnte den Kurator umstimmen. Die Fakultät durfte für Frege einen Antrag stellen, und Thomae übernahm das Gutachten. Er lobte Freges Leistungen in Lehre und Forschung und hob dessen Zuverlässigkeit im Amt hervor. Nach dieser Würdigung musste es Thomae schmerzen, im zweiten Band der „Grundgesetze der Arithmetik" heftig kritisiert zu werden. Thomae war Freges logischer Begründung der Arithmetik zwar ein Stück weit gefolgt, hielt aber in Bezug auf die Null, die negativen und gebrochenen, die irrationalen und komplexen Zahlen an der formalen Auffassung fest. Thomaes Ansicht konnte den Eindruck erwecken, als ob eine Vermittlung des Logizismus mit einer Spielart der formalen Theorie möglich wäre. Die Schärfe von Freges Kritik sollte diesen Eindruck zerstören. Danach war keine Verständigung mehr möglich, die Debatte wurde heftiger, die Kontrahenten verbitterter, der Gesprächsfaden zerriss endgültig. Frege, der den Streit von der rein wissenschaftlichen Ebene auf die persönliche ausgedehnt hatte, wird sich in Jena dadurch noch weiter isoliert haben. Das deutet sich in einem Brief Thomaes vom 3. August 1906 an den Kurator an: „Wir haben ja nur noch Herrn Collegen Frege hier. Leider kann ich nicht verschweigen, dass dessen Wirksamkeit in letzter Zeit zurück gegangen ist. Die Gründe dafür lassen sich nicht sicher feststellen. Vielleicht sind sie in Freges hyperkritischen Neigungen zu suchen." [Universitätsarchiv Jena, C 841, Bl. 70 f.]

Freges Wirksamkeit war aus mehreren Gründen zurückgegangen. Kurz vor der Drucklegung des zweiten Bandes der „Grundgesetze" teilte der britische Philosoph Bertrand Russell Frege am 16. Juni 1902 mit, dass sich im System der Grundgesetze ein Widerspruch herleiten lasse. Freges prompte Reaktion ist oft zitiert worden, sie sagt aber so viel über Freges wissenschaftliche Lauterkeit aus und gibt uns so klare

Abbildung 4: In der sogenannten „Wucherei" am Fürstengraben war das 1879 gegründete Mathematische Seminar der Universität Jena untergebracht.

Hinweise darauf, welche Rolle die Wissenschaft in Freges Leben überhaupt spielte, dass auch hier einige Sätze daraus folgen sollen: „Ihre
Entdeckung des Widerspruchs hat mich auf's Höchste überrascht und,
fast möchte ich sagen, bestürzt, weil dadurch der Grund, auf dem ich
die Arithmetik sich aufzubauen dachte, in's Wanken geräth. [...] Der
zweite Band meiner Grundgesetze soll demnächst erscheinen. Ich werde ihm wohl einen Anhang geben müssen, in dem Ihre Entdeckung
gewürdigt wird. Wenn ich nur erst den richtigen Gesichtspunkt dafür
hätte!" [FregeWB, S. 213–215] Frege konnte den richtigen Gesichtspunkt nicht finden. Seitdem hielt er sein Lebenswerk, die Begründung
der Arithmetik aus der Logik, für schwer erschüttert, wenn nicht gar
für gescheitert. Alles, was Frege von nun an schrieb, war als Sicherung
dessen gedacht, was trotz des Widerspruchs Bestand haben könnte. In
dieser für Frege wissenschaftlich so schweren Zeit erkrankte seine Frau.
Sie erholte sich bis zu ihrem frühen Tod am 25. Juni 1904 nicht mehr
von ihrem Leiden. Als dann am 14. Januar 1905 auch noch Ernst
Abbe verstarb, verließen auch Frege die Kräfte. Eine zwischen den

Vorlesungszeiten im Frühjahr 1905 begonnene Kur führte zu keiner Linderung seiner Nervenschwäche; im Sommersemester 1905 musste er sich deshalb beurlauben lassen. Liest man die Berichte des Kurators über die Lage der Jenaer Mathematik in jenen Jahren, so gewinnt man den Eindruck, dass die Universitätsbehörden von Frege nichts mehr erwarteten. Da ist die Rede davon, dass Frege wohl nie ein guter Dozent gewesen sei, dass er durch hyperkritische Neigungen in der Erfüllung seiner erfolgreichen frischen Lehrwirksamkeit behindert und dass dessen Lehrtätigkeit von untergeordneter Bedeutung sei. Manche negative Beurteilung dieser Art hat ihren Grund darin, dass der Kurator auf diesem Wege die für die Universität zuständigen Regierungen bewegen wollte, Mittel zur Einstellung mathematischer Assistenten zu bewilligen; manches in den Berichten wird aber wohl auch Freges Zustand beschreiben. Zu einer gewissen Stabilisierung seines Zustandes trug sicher bei, dass Frege ab 1908 nicht mehr ganz allein war und eine neue häusliche Aufgabe übernahm. In seinem 60. Lebensjahr nahm Frege, dessen Ehe kinderlos geblieben war, den aus zerrütteten Familienverhältnissen stammenden Alfred Fuchs aus Gniebsdorf bei Bürgel als Mündel in sein Haus auf. Zwischen beiden hat sich bald eine enge Vater-Sohn-Beziehung ausgebildet. [Kreiser97]

Der Streit mit Thomae über den Formalismus in der Arithmetik ist nur ein Beispiel dafür, dass es Frege zunehmend schwer fiel, mit Mathematikern über Grundlagenfragen zu diskutieren. Frege ging auch nicht auf David Hilberts Angebot ein, ihn in Göttingen zu besuchen, um das Gespräch über die Grundlagen der Geometrie fortzusetzen. Wie sehr sich Frege in der mathematischen Welt dadurch isolierte, zeigt eine Episode. Als Hilbert im November 1911 seine Jenaer Freunde, den Germanisten Albert Leitzmann und dessen Frau, die Malerin und Schriftstellerin Else Leitzmann, besuchen wollte, teilte er ihnen zuvor seinen Besuchsplan mit: Hilbert wollte sich in aller Ruhe das Zeisswerk ansehen und er wollte viel Zeit in dem Künstlerkreis um das Ehepaar Leitzmann verbringen; einen Besuch seines früheren Korrespondenzpartners Frege fasste er nicht ins Auge. [David Hilbert, Brief an Else Leitzmann vom 17. November 1911, in: ThULB Jena, Nachlass Else Leitzmann 3, 23:6]

Im Gegensatz zu Hilbert, Thomae und anderen Mathematikern suchten nach 1910 Jenaer Philosophen das Gespräch mit Frege. Im Sommer 1911 wurde Bruno Bauch als Nachfolger Liebmanns nach

Jena berufen. Bauch, der vom zuständigen Weimarer Staatsministerium immerhin Edmund Husserl vorgezogen wurde, galt als ein Philosoph, der mit den philosophischen Fragen der exakten Wissenschaften bestens vertraut war. Obwohl Bauch vor seiner Jenaer Zeit wichtige Arbeiten zur Philosophie der Mathematik vorgelegt hatte, fehlte in diesen jeder Bezug auf Frege. Wie sehr ihn der neue Wirkungsort prägte, zeigt bereits seine Jenaer Antrittsvorlesung, in welcher er Freges Kritik an empiristischen Grundlegungsversuchen in der Mathematik übernahm. Auch in späteren Veröffentlichungen hat sich der Neukantianer immer wieder auf Frege als einen Verbündeten in der Auseinandersetzung mit dem Subjektivismus und Relativismus in der Erkenntnistheorie berufen. Frege seinerseits bekannte ausdrücklich, durch Bauch zu einem tieferen Verständnis der Kantischen Lehre geführt worden zu sein. Offenbar hat Bauch auch seine Schüler dazu angehalten, sich mit den Lehren Freges zu befassen. Neben Fritz Münch, von dem Frege den Ausdruck „drittes Reich" zur Bezeichnung der Sphäre der Gedanken übernahm, ist hier vor allem Hermann Johannsen zu nennen, der bis 1956 in Jena lehrte und seinen Studenten mit Stolz berichtet haben soll, als junger Mann noch bei Frege gehört zu haben.

Abbildung 5: Festakt zum 350-jährigen Jubiläum der Universität Jena in der Aula am 31. Juli 1908. Frege befindet sich unter den Anwesenden.

Zur kleinen Schar Jenaer Studenten, die den schwierigen und neuartigen Untersuchungen Freges ein tieferes Interesse entgegenbrachten, gehörte auch Rudolf Carnap, der heute als einer der bedeutendsten Wissenschaftstheoretiker des 20. Jahrhunderts gilt. In seiner Autobiographie berichtet er über den Besuch einer Lehrveranstaltung zur Begriffsschrift im Herbst 1910: „Wir trafen dort nur wenige Studenten. Frege sah für seine Jahre alt aus. Er war von kleiner Statur, ziemlich schüchtern und stark introvertiert. Er schaute seine Zuhörer kaum an. Gewöhnlich sahen wir nur seinen Rücken, wenn er die seltsamen Diagramme seines Symbolismus an die Tafel schrieb und erklärte. Niemals, weder während der Übungen noch nachher stellte ein Student eine Frage oder machte eine Bemerkung. Die Möglichkeit einer Diskussion schien ganz undenkbar.“ Im Sommersemester 1913 besuchten Carnap und sein Freund Kurt Frankenberger, der im Dezember 1911 sogar einen Vortrag „Über Begriffsschrift“ in der Jenaer Philosophischen Gesellschaft gehalten hatte, auch die weiterführende, von Frege nur dieses eine Mal angebotene, Vorlesung „Begriffsschrift II“. Diesmal bestand die Hörerschaft nur aus den beiden Studenten und dem pensionierten Major Richard Seebohm, der aktiver Anthroposoph war und sich aus Liebhaberei mit den neuen Ideen der Mathematik beschäftigte. In diesem kleinen Kreis taute Frege etwas auf, verlor seine Zurückhaltung und gab sogar Proben seiner geistreichen Ironie. [Carnap93, S. 8]

Zum wichtigsten Fürsprecher Freges unter den Jenaer Philosophen wurde Paul Ferdinand Linke. Nachdem der aus Leipzig nach Jena gekommene Wundt-Schüler 1907 vom Kurator erfahren hatte, dass ihm die Universität keine Mittel für psychologische Forschungen zur Verfügung stellen könne, musste er sich neu orientieren. Er las Husserl, fühlte sich als Mitglied der phänomenologischen Bewegung, war allerdings bald von Husserls Subjektivismus irritiert. Die theoretischen Mittel zur Erfassung des gesuchten Reiches der „objektiven Nichtwirklichkeit“ fand Linke bei Frege. Mit Argumenten Freges begann Linke Husserl zu kritisieren und eine eigene Variante der Gegenstandsphänomenologie zu entwerfen.

Als Linke im Herbst 1916 Frege besuchte und mit Paul Koebe auch wieder einen Mathematiker bei Frege einführte, war dieser über philosophische Gesprächsgäste zwar erfreut, fand selbst aber nicht die Ruhe zu größeren wissenschaftlichen Arbeiten. In einem Brief an Ludwig Wittgenstein vom 2. Juli 1916 lesen wir: „Auch ich habe jetzt nicht recht Kraft und Stimmung zu eigentlich wissenschaftlichen Arbeiten, suche mich aber zu betätigen in der Ausarbeitung eines Planes, von dem ich hoffe, dass er dem Vaterlande nach dem Kriege nützlich sein kann." [FregeWBW, S. 12] Frege hatte sich zeitlebens für Politik interessiert, so sind zahlreiche Beispiele in seinen logischen Schriften dem Bereich der Politik entnommen. Der Indogermanist Berthold Delbrück, Dietrich Schäfer, Alexander Cartellieri, der Druckereibesitzer Hermann Pohle, später auch der Mathematiker Robert Haußner waren wichtige politische Gesprächspartner. Mit ihnen teilte er seine Verehrung für Bismarck, die Ansicht, dass Deutschland ein starkes Heer und eine große Flotte brauche und die scharfe Ablehnung der Sozialdemokratie. In Wahlaufrufen, die in der „Jenaischen Zeitung" abgedruckt wurden, unterstützte er die Kandidaten der Nationalliberalen Partei. Während des Weltkrieges nahm die politische Betätigung nahezu den gleichen Rang ein wie die wissenschaftliche Forschung. Vom Frühjahr 1915 bis zum Frühjahr 1917 schrieb Frege fast nichts zur Logik, arbeitete dafür aber angestrengt an politischen Plänen. Dem seit 1916 in Jena lebenden preußischen Staatsminister a.D. und ehemaligen Staatssekretär im Reichsamt des Innern Clemens von Delbrück übergab er einen detailliert ausgearbeiteten Entwurf für ein Wahlgesetz [FregeVfW]. Im Frühjahr 1917 war Frege mit seinen Kräften am Ende. Kriegserfolge blieben aus, in den Vorlesungen saßen kaum noch Studenten, eine Stunde zu lesen, war mühevoll, er hungerte und verlor in wenigen Wochen zehn Prozent seines Gewichts. In dieser Situation bat er um seine vorzeitige Emeritierung. In Briefen an den Kurator schilderte er seine missliche Lage, deutete aber auch an, dass er die Ruhe nach der Pensionierung zur wissenschaftlichen Arbeit nutzen wolle. [vgl. Dathe08] Frege bekam Urlaub, wurde aber noch nicht aus dem Dienst entlassen. Und ganz zum Schluss seiner Laufbahn hatte er noch einmal einen Hörer, den gerade die schwierigsten Gedanken des Logikers interessierten. Linke empfahl Gerhard Scholem, der später als Gershom Scholem ein berühmter Religionshistoriker werden sollte, Frege zu hören.

Obwohl Frege fast fünf Jahrzehnte in Jena geforscht und gelehrt hatte, blieb er im Herzen immer ein Mecklenburger. Nach der Emeritierung im Mai 1918 zog er mit Alfred und seiner Haushälterin Meta Arndt in die alte Heimat zurück. Frege kaufte ein Haus in Bad Kleinen, was nur möglich war, weil ihm einer seiner wissenschaftlichen Verehrer, Ludwig Wittgenstein, mit einem Geldgeschenk unterstützte. Für den genialen österreichisch-britischen Philosophen war Frege, den er 1911/12 zweimal in Jena besucht hatte, der einzige Denker, dem er zeitlebens Respekt, wenn nicht gar Bewunderung entgegenbrachte. In Bad Kleinen arbeitete Frege an der Sicherung seiner logischen Erkenntnisse und wagte einen letzten Versuch, die Arithmetik zu begründen. Mit seiner Universität blieb er trotz der großen Distanz zwischen Bad Kleinen und Jena verbunden. Er korrespondierte mit Bauch, Linke und Haußner über wissenschaftliche und politische Fragen und publizierte seine letzten Aufsätze in einer Zeitschrift, die Bauch mitherausgab.

Nach seinem Tode geriet Frege in Jena nicht in Vergessenheit. Bauch und Linke gingen in Veröffentlichungen, Lehrveranstaltungen und privaten Zirkeln immer wieder auf Freges logisch-philosophische Auffassungen ein. In Jena hielt Gottfried Martin im Wintersemester 1943/44 eine der ersten Lehrveranstaltungen zu Frege überhaupt. Zu DDR-Zeiten beschäftigten sich Jenaer Mathematiker (Gerd Wechsung, Olaf Neumann), Psychologen (Helmut Metzler) und Philosophen (Günter Mortan, Werner Stelzner, Hans-Rainer Lindner) mit Frege. Die Frege-Konferenzen 1979 in Jena und 1984 in Schwerin sowie die Frege-Kolloquien 1989, 1991, 1993, 1996 und 1998 in Jena, an denen auch schon vor 1990 Wissenschaftler aus dem Westen teilnahmen, bildeten eine Brücke in die Nachwendezeit. Unter Gottfried Gabriel, der von 1995 bis 2009 in Jena lehrte, wurde die Jenaer Frege-Forschung zu einem Erfolg der deutsch-deutschen Vereinigung.

Bildnachweis

Abbildung 1: Fotostelle Friedrich-Schiller-Universität Jena
Abbildung 2: Foto F. Tropschug
Abbildung 3: Foto F. Tropschug
Abbildung 4: Foto F. Tropschug
Abbildung 5: Foto Universitätsarchiv Jena

11. Frege: Orte der Erinnerung in Wismar – Orientierungsplan

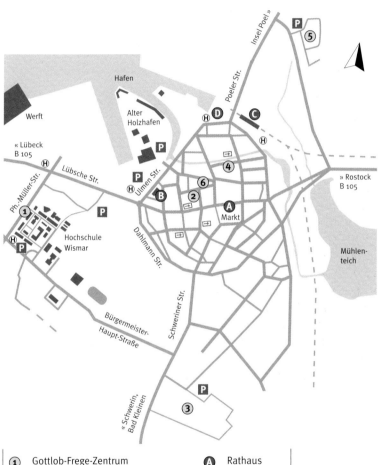

①	Gottlob-Frege-Zentrum	Ⓐ	Rathaus
②	Büste von Gottlob Frege im Skulpturenpark an der Marienkirche	Ⓑ	Zeughaus
③	Friedhof mit Grabstelle von Gottlob Frege	Ⓒ	Bahnhof
④	Große Stadtschule	Ⓓ	Busbahnhof
⑤	Prof.-Frege-Straße	Ⓟ	Parkplatz
⑥	Erinnerungstafel am Geburtsort in der Böttcherstraße 2a		

Quelle: Hochschule Wismar, Abteilung Öffentlichkeitsarbeit

12. Zentraler Bilderteil

Porträts von Gottlob Frege (Abbildungen 1–3)

Abb. 1: Gottlob Frege in mittleren Jahren (Fotografie)

Abb. 2: Gottlob Frege in späteren Jahren (Fotografie)

Abb. 3: Gottlob Frege in späteren Jahren (Zeichnung von Lasker)

Wissenschaftliche Arbeiten von Gottlob Frege
(Abbildungen 4–6)

Abb. 4: Deckblatt der Inaugural-Dissertation von Gottlob Frege (Promotion, Jena 1873)

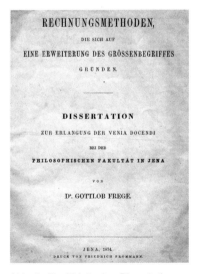

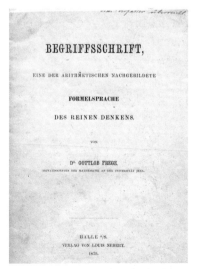

Abb. 5: Deckblatt der Dissertation von Gottlob Frege zur Erlangung der Lehrbefähigung (Habilitation, Jena 1874)

Abb. 6: Deckblatt zur Begriffsschrift von Gottlob Frege (1879)

Dokumente zu Frege-Konferenzen (Abbildungen 7–9)

Abb. 7: Beginn des Faltblattes mit der 2. Mitteilung zur 1. Frege-Konferenz 1979 in Jena

Abb. 8: Deckblatt der Vortragszusammenfassungen (Abstracts) zur 1. Frege-Konferenz 1979 in Jena

Abb. 9: Deckblatt des Programmheftes zur 2. Frege-Konferenz 1984 in Schwerin

Frege-Ehrung der Stadt Wismar (Abbildung 10)

Abb. 10: Blick auf die Professor-Frege-Straße in Wismar mit Straßenschild

Feierliche Enthüllung der Gedenktafel zur Frege-Büste im Skulpturenpark an der Wismarer Marienkirche im Dezember 2009 (Abbildungen 11–13)

Abb. 11: Eröffnungsansprache der Wismarer Bürgermeisterin, Frau Dr. Rosemarie Wilcken, vor der Enthüllung der Tafel

Abb. 12: Mitglieder des Gottlob-Frege-Zentrums der Hochschule Wismar kurz nach der Enthüllung der von ihnen gestifteten Tafel (v.l.n.r. die Professoren Schott, Lämmel, Eichholz und Cleve)

Abb. 13: Mitglieder des Gottlob-Frege-Zentrums der Hochschule Wismar im Gespräch mit der Wismarer Bürgermeisterin nach der Enthüllung der Tafel (Reihe vorn v.l.n.r. Prof. Lämmel, Dr. Wilcken, Prof. Schott, Prof. Eichholz, Prof. Cleve)

Verleihung des von der Hansestadt Wismar jährlich gestifteten Frege-Preises (Abbildung 14)

Abb. 14: Frege-Preisträger mit ihren wissenschaftlichen Betreuern und Bürgermeister Beyer (ganz rechts hinten) während der Immatrikulationsfeier der Hochschule Wismar im September 2010 in der Heiligen-Geist-Kirche Wismar

Frege-Wanderungen (Abbildung 15)

Abb. 15: Bild nach dem Pressegespräch im Rathaus der Hansestadt Wismar zur Vorbereitung der 22. Frege-Wanderung 2008 (sitzend v.l. Prof. Schott vom GFC, Herr und Frau Aust aus Bad Kleinen als Organisatoren, stehend v.l. Bürgermeister Kreher aus Bad Kleinen, Bürgermeister Peters aus Lübstorf)

Frege-Ausstellung im Zeughaus der Hansestadt Wismar im November 2010 (Abbildungen 16–17 siehe auch Beitrag 9 von Dieter Schott)

Abb. 16: Vitrine mit geografischer Karte, auf der Start (Jena) und Ziel (Bad Kleinen, Wismar) der von Gottlob Frege zurückgelegten Wanderroute markiert sind

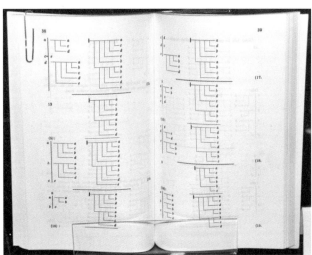

Abb. 17: aufgeschlagene Begriffsschrift von Gottlob Frege (S. 38–39 mit logischen Ableitungen in seiner Notation)

Frege-Ehrung an der Hochschule Wismar (Abbildung 18)

Abb. 18: Prof. Schott von der Hochschule Wismar mit einer Schaltungsplatine. Das darauf gesetzte Bild soll daran erinnern, dass Gottlob Frege die logischen Grundlagen der Computertechnik geschaffen hat.

Bildnachweis

GFC: Gottlob-Frege-Zentrum der Hochschule Wismar
E. V.: Eberhard Vilkner

Abb. 3: fotografische Reproduktion GFC, E. V.
Abb. 4: GFC, E. V., Original im Archiv der Hansestadt Wismar
Abb. 5: GFC, E. V., Original im Archiv der Hansestadt Wismar
Abb. 6: GFC, E. V., Original im Archiv der Hansestadt Wismar
Abb. 7: GFC, E. V.
Abb. 8: GFC, E. V., Original im Archiv der Hansestadt Wismar
Abb. 9: GFC, E. V., Original im Archiv der Hansestadt Wismar
Abb. 10: GFC, E. V., Original im Archiv der Hansestadt Wismar
Abb. 11: GFC, E. V.

Abb. 12: GFC, E. V.
Abb. 13: GFC, E. V.
Abb. 14: Hochschule Wismar, Abteilung Öffentlichkeitsarbeit
Abb. 15: Nicole Hollatz, Wismar
Abb. 16: Hochschule Wismar, Abteilung Öffentlichkeitsarbeit
Abb. 17: Hochschule Wismar, Abteilung Öffentlichkeitsarbeit
Abb. 18: Nicole Hollatz, Wismar

Kurze Biographie Freges

Gottlob Frege	Stationen seines Lebens
8.11.1848	geb. in Wismar
Oktober 54–Ostern 69	Große Stadtschule in Wismar
SS 1869–SS 1873	Studium der Mathematik in Jena und Göttingen, Promotion mit der Schrift *Über eine geometrische Darstellung der imaginären Gebilde in der Ebene*
16.5.1874	Habilitation in Jena mit der Schrift *Rechnungsmethoden, die sich auf eine Erweiterung des Größenbegriffs gründen*
SS 1874–SS 1918	Lehrtätigkeit in Jena
2.8.1879	Verpflichtung als a. o. Professor für Mathematik
1879	*Begriffsschrift, eine der arithmetischen nachgebildete Formelsprache des reinen Denkens*
1884	*Grundlagen der Arithmetik*
14.3.1887	Heirat mit Margarethe Lieseberg (1856–1904)
1892	*Über Sinn und Bedeutung*
1893	*Grundgesetze der Arithmetik* Band I
26.5.1896	Annahme einer ordentlichen Honorarprofessur
1903	*Grundgesetze der Arithmetik* Band II
21.12.1903	Ernennung zum Großherzoglich-Sächsischen Hofrat
1908	Vormund von Alfred (*1903) und Toni (*1905) Fuchs
1918	Übersiedlung nach Bad Kleinen
8.12.1918	Emeritierung
26.7.1925	gest. in Bad Kleinen

Glossar

analytisch
Was mit Hilfe von Definitionen oder logischen Gesetzen allein begründet werden kann (→ synthetisch).

a posteriori
Bezieht sich auf jene Erkenntnis, die nur unter Zuhilfenahme von Erfahrung begründet werden kann (→ a priori).

a priori
Bezieht sich auf jene Erkenntnis, die ohne Zuhilfenahme von Erfahrung begründet werden kann und damit nicht von ihr abhängt (→ a posteriori).

Axiom, Axiomensystem
Ursprünglich ist ein Axiom eine grundlegende Aussage, deren Wahrheitsgehalt offensichtlich ist und die deshalb keines Beweises bedarf. In moderner Auffassung ist es Teil eines Axiomensystems, einer Menge von Aussagen, die untereinander logisch widerspruchsfrei und voneinander unabhängig sein sollen (→ Modell).

Begriff
Einen Begriff P kann man mit einer Prädikatfunktion P(.) beschreiben, die genau für die Gegenstände x den Wert ‚wahr' liefert, die unter ihn fallen (→ Wahrheitswert). Für Frege ist der Wertverlauf von P(.) die Extension (der Umfang) des Begriffes P.

Begriffsschrift
Titel der Arbeit, mit der Frege seine Logik einführt, zugleich auch der Name des Bezeichnungssystems, das Frege zur Notation der logischen und arithmetischen Aussagen entwickelt hat. Das Wort

wird in der englischsprachigen Literatur nicht übersetzt. Es wird von „Begriffsschrift" gesprochen.

Funktion

Eine Funktion f (bzw. bei Frege f(.)) ist nach heutiger Auffassung durch eine Menge von Paaren (x,y) gegeben, wobei die Objekte (Gegenstände) x und y aus bestimmten Mengen M und N stammen und jedes x aus M höchstens einen Partner y aus N hat. Dann schreibt man y = f(x) und bezeichnet x als Urbild oder Argument und y als Bild oder Wert. Bei den klassischen Funktionen der Mathematik sind M und N Mengen reeller Zahlen, bei den Prädikatfunktionen von Frege enthält M beliebige Gegenstände und N Wahrheitswerte (→ Wahrheitswert).

Gedanke
Inhalt eines vollständigen Aussage- bzw. Fragesatzes.

Java
Eine Mitte der 90er Jahre von der Firma Sun Microsystems (heute Teil des Oracle-Unternehmens) entwickelte objektorientierte Programmiersprache, die sehr schnell breite Anwendung fand.

Klasse
Gegenstück zu dem, was Frege unter dem Wertverlauf eines Begriffes bzw. einer Prädikatfunktion P(.) versteht (→ Begriff, → Funktion).

Konjunktion, aussagenlogische
Aussagesatz, der mit Hilfe des Wortes „und" aus zwei Aussagesätzen zusammengesetzt ist.

Logik, zweiwertige
Jede Aussage ist entweder wahr oder falsch. Sie kann nicht beides zusammen sein. Etwas Drittes gibt es nicht (tertium non datur).

Modell, mathematisches
Mathematische Struktur (Menge mit Operationen und Relationen), in der ein bestimmtes System von Aussagen (z.B. ein Axiomensystem) wahr ist (→ Axiomensystem, → Wahrheitswert).

Ontologie

Lehre vom Sein bzw. vom Seienden, das heißt von dem, was ist.

Pascal

Eine Programmiersprache, die Anfang der 70er Jahre von Niklas Wirth für die strukturierte Programmierung entwickelt wurde. Pascal fand weite Verbreitung in der Ausbildung und wird auch heute noch für die Software-Entwicklung eingesetzt.

Prädikatenlogik

In Abgrenzung von der Aussagenlogik ein logisches System, dessen Aussagen nicht nur mit Hilfe von so genannten Junktoren aus anderen Aussagen, sondern auch aus Prädikaten, singulären Termen, Funktionsausdrücken und so genannten Quantoren zusammengesetzt werden können (→ Quantorenlogik)

Python

Eine Programmiersprache, die neben dem funktionalen auch andere Programmieransätze ermöglicht und bei der Programmierung von Web-Anwendungen eingesetzt wird.

Quantorenlogik

In Abgrenzung von der Junktorenlogik ein logisches System, dessen Aussagen nicht nur mit Hilfe von so genannten Junktoren aus anderen Aussagen, sondern auch aus Prädikaten, singulären Termen, Funktionsausdrücken und so genannten Quantoren zusammengesetzt werden können (→ Prädikatenlogik).

Rede, gewöhnliche

Was jemand selbst sagt.

Rede, gerade (oratio recta)

Was jemand in wörtlicher (direkter) Rede aus der Rede eines Dritten anführt.

Rede, ungerade (oratio obliqua)

Was jemand in eigenen Worten (indirekt) aus der Rede eines Dritten anführt.

Semantik
Disziplin der Semiotik oder allgemeinen Zeichenlehre, in der man Zeichen und deren Inhalte betrachtet (→ Syntax).

Sprachspiel
Sprachliche Tätigkeit, die aus einer mehr oder minder langen Reihe von Äußerungen besteht, die von einer oder mehrerer Personen stammen können. – Beispiele: Aufforderung, Behauptung, Bitte, Frage, Gebet, Versprechen, Gruß und Erwiderung, Unterhaltung bei Tisch, Talkshow.

Syllogismus
Folgerungsregel, die angibt, wie sich aus zwei Aussagen eine neue richtige Aussage ableiten lässt. Es gibt vier Muster, so genannte Figuren, und dazu gehören 24 Modi. Das Konzept geht auf Aristoteles zurück.

Syntax
Disziplin der Semiotik oder allgemeinen Zeichenlehre, in der man unter Absehung von allem Inhaltlichen nur die Äußerlichkeiten von Zeichen (Aussehen, Anordnung und dergleichen) betrachtet (→ Semantik).

synthetisch
Was nicht mit Hilfe von Definitionen oder logischen Gesetzen allein begründet werden kann (→ analytisch).

Wahrheitswert
Der Umstand, dass ein vollständiger Aussagesatz wahr oder falsch ist (→ Logik, zweiwertige).

Zahl
Als (endliche) Anzahl eine Abstraktionsklasse, die neben einer Klasse alle dazu gleichmächtigen Klassen umfasst (→ Klasse).

Personen

Abbe, Ernst (1840–1905), Mathematiker, Physiker, Unternehmer und Sozialreformer, Professor in Jena, Teilhaber und Geschäftsführer der Firma Carl Zeiss, Gründer der Carl-Zeiss-Stiftung.

Aristoteles von Stagira (384–322 v. u. Z.), griechischer Philosoph, Begründer der Logik (Syllogistik).

Auerbach, Felix (1856–1933), Physiker, Professor in Jena.

Bauch, Bruno (1877–1942), Philosoph, Professor in Jena.

Boole, George (1815–1864), englischer Mathematiker, Professor in Cork (Irland), entwickelte (eine nach ihm benannte) algebraische Logik.

Cantor, Georg (1845–1918), deutscher Mathematiker, Professor in Halle, Begründer der Mengenlehre.

Carnap, Rudolf (1891–1970), Philosoph und Logiker, studierte in Jena und Freiburg, Hörer bei Gottlob Frege, promovierte in Jena, Professor in Prag, Chicago und Los Angeles.

Cartellieri, Alexander (1867–1955), Historiker, Professor in Jena.

Dahlmann, Friedrich Christoph (1785–1860), Historiker und Staatsrechtler, Professor in Kiel, Göttingen und Bonn, Vater der ersten gesamtdeutschen Verfassung.

Dedekind, Richard (1831–1916), Mathematiker, Professor in Göttingen und Braunschweig.

Delbrück, Berthold (1842–1922), Indogermanist, Professor in Jena.

Delbrück, Clemens von (1856–1921), Politiker, Mitglied der Weimarer Nationalversammlung und des Reichstags, wohnte ab Mai 1916 in Jena.

Eucken, Rudolf (1846–1926), Philosoph, Professor in Jena, 1908 Nobelpreis für Literatur.

Euklid von Alexandria (etwa 365 bis etwa 300 v. u. Z.), griechischer Mathematiker, entwickelte eine axiomatisch aufgebaute (nach ihm benannte) Geometrie.

Falckenberg, Richard (1851–1920), Philosoph, Professor in Jena und Erlangen.

Fischer, Kuno (1824–1907), Philosoph, Professor in Jena und Heidelberg.

Fortlage, Carl (1806–1881), Philosoph, Professor in Jena.

Fraenkel, Abraham (eigentlich **Adolf**) (1891–1965), Mathematiker, Professor in Marburg, Kiel und Jerusalem, entwickelte das Axiomensystem von Zermelo zur Mengenlehre weiter.

Frankenberger, Kurt (1891–1936), Lehrer, Studienfreund von Rudolf Carnap, studierte Mathematik und Physik in Jena, Hörer bei Gottlob Frege.

Frege, Gottlob (1848–1925), Mathematiker, Logiker und Philosoph, Professor in Jena, Begründer der modernen mathematischen Logik.

Fuchs, Alfred, später **Frege, Alfred** (1903–1943), Adoptivsohn von Gottlob Frege.

Gauß, Carl Friedrich (1777–1855), Mathematiker und Physiker, Professor in Göttingen.

Geuther, Anton (1833–1889), Chemiker, Professor in Jena.

Gödel, Kurt (1906–1978), österreichischer Mathematiker und Logiker, Professor in Wien und Princeton, lieferte bedeutende Arbeiten zu den Grundlagen der Mathematik.

Graßmann, Hermann (1809–1877), Mathematiker und Sprachwissenschaftler, Gymnasiallehrer in Stettin.

Hankel, Hermann (1839–1873), Mathematiker, Professor in Leipzig, Erlangen und Tübingen.

Haupt, Anton (1800–1835), Jurist, Bürgermeister von Wismar von 1826–1835.

Haußner, Robert (1863–1948), Mathematiker, Professor in Jena.

Heine, Eduard (1821–1881), Mathematiker, Professor in Bonn und Halle.

Herbart, Johann Friedrich (1776–1841), Philosoph und Pädagoge, Professor in Königsberg und Göttingen.

Hilbert, David (1862–1943), Mathematiker, Professor in Königsberg und Göttingen, entwickelte das Programm, die klassische Mathematik als formalisiertes axiomatisches System darzustellen und dann ihre Widerspruchsfreiheit zu beweisen.

Hirzel, Rudolf (1846–1917), Altphilologe, Professor in Jena.

Husserl, Edmund (1859–1938), Philosoph, Begründer der Phänomenologie, Professor in Göttingen und Freiburg.
Johannsen, Hermann (1889–1970), Pädagoge und Philosoph, Professor in Jena.
Kant, Immanuel (1724–1804), Philosoph, Professor in Königsberg.
Koebe, Paul (1882–1945), Mathematiker, Professor in Jena und Leipzig.
Leibniz, Gottfried Wilhelm (1646–1716), Universalgelehrter (Mathematiker, Logiker, Philosoph, Geologe, Paläontologe, Historiker, Jurist, Linguist), Erfinder (Rechenmaschine) und Diplomat, Professor in Paris und Hannover.
Leitzmann, Albert (1867–1950), Germanist, Professor in Jena.
Leitzmann, Else, geb. Altwasser (1875–1950), Schriftstellerin, Malerin.
Liebmann, Otto (1840–1912), Philosoph, Professor in Jena.
Lindemann, Ferdinand von (1852–1939), Mathematiker, Professor in Freiburg, Königsberg und München.
Linke, Paul Ferdinand (1876–1955), Philosoph, Professor in Jena.
Lobatschewski, Nikolai Iwanowitsch (1792–1856), russischer Mathematiker, Professor in Kasan, entwickelte eine Nichteuklidische Geometrie.
Martin, Gottfried (1901–1972), Philosoph, Dozent in Jena, danach Professor in Köln, Mainz und Bonn.
Münch, Fritz (1879–1920), Philosoph und Jurist, promovierte in Jena.
Peano, Guiseppe (1858–1932), italienischer Mathematiker, Professor in Turin, entwickelte ein nach ihm benanntes Axiomensystem der natürlichen Zahlen.
Plato(n) (etwa 427 bis etwa 347 v. u. Z.), griechischer Philosoph, Begründer der Akademie.
Pohle, Hermann (1845–1899), Druckereibesitzer in Jena.
Poincaré, Henri (1854–1912), französischer Mathematiker und Physiker, Professor in Paris.
Pünjer, Bernhard (1850–1885), Theologe, Professor in Jena.
Pythagoras von Samos (etwa 570 bis etwa 480 v. u. Z.), griechischer Mathematiker und Physiker, Gründer des politisch-religiösen Bundes der Pythagoräer.
Reichenbach, Ernst Ludwig (1789–1881), Bankier in Altenburg, Mäzen.

Riemann, Bernhard (1826–1866), Mathematiker, Professor in Göttingen.

Russell, Bertrand (1872–1970), britischer Philosoph, Logiker, Mathematiker und Sozialreformer, zeitweilig Dozent in Cambridge, 1950 Nobelpreis für Literatur, fand in Freges Axiomensystem der Logik einen Widerspruch, entwickelte in Fortsetzung von Freges Konzeption eine gestufte Mengenlehre zur Vermeidung von Widersprüchen.

Sachse, Leo (1843–1909), Mathematiklehrer an der Großen Stadtschule in Wismar und am Jenaer Gymnasium, Heimatdichter.

Schäfer, Dietrich (1845–1929), Historiker, Professor in Jena, Breslau, Tübingen, Heidelberg und Berlin.

Schäffer, Hermann (1824–1900), Mathematiker und Physiker, Professor in Jena, Gründer der Mathematischen Gesellschaft zu Jena.

Scholem, Gershom (1897–1982), Religionshistoriker, Professor in Jerusalem, 1917/18 Student in Jena.

Schott, Otto (1851–1935), Glaschemiker, Unternehmer, Gründer und Geschäftsführer des Jenaer Glaswerks Schott & Genossen.

Seebohm, Richard (1866–1934), Major, Lehrer an der Kriegsschule in Potsdam, wohnte und studierte in Jena, Anthroposoph.

Snell, Carl (1806–1887), Mathematiker, Physiker und Philosoph, Professor in Jena.

Thomae, Johannes (1840–1921), Mathematiker, Professor in Halle, Freiburg und Jena.

Trendelenburg, Friedrich Adolf (1802–1872), Philosoph, Professor in Berlin.

Volkelt, Johannes (1848–1930), Philosoph, Professor in Jena, Basel, Würzburg und Leipzig.

Wittgenstein, Ludwig (1889–1951), österreichisch-britischer Philosoph und Logiker, Professor in Cambridge, mit Frege, Moore und Russell zusammen Wegbereiter der analytischen Philosophie.

Zeiss, Carl (1816–1888), Mechaniker und Unternehmer, Gründer der Firma Carl Zeiss in Jena.

Zermelo, Ernst (1871–1953), Mathematiker, Professor in Göttingen, Zürich und Freiburg, stellte ein Axiomensystem der Mengenlehre auf, das später von Fraenkel und anderen weiterentwickelt wurde.

Literatur

[Auerbach18]
Auerbach, F.: *Ernst Abbe.* Sein Leben, sein Wirken, seine Persönlichkeit. Akademische Verlagsgesellschaft, Leipzig 1918.

[Bedürftig10]
Bedürftig, T., Murawski, R.: *Philosophie der Mathematik.* Verlag Walter de Gruyter, Berlin 2010.

[Bernd08]
Bernd, H.-H.: *Hauptfach Mathematik.* Über Neuhumanismus, Wertewandel und heutige Befindlichkeiten. Gottlob Frege – Bildungsbürger im Systemwechsel. Wismarer Frege-Reihe, Heft 02/2008, Hochschule Wismar, 2008.

[Carnap93]
Carnap, R.: *Mein Weg in die Philosophie.* Reclam Verlag, Stuttgart 1993.

[Dathe08]
Dathe, U.: „*Zu sagen habe ich ja noch manches*" – Gottlob Freges letzte Schriften im Spiegel unbekannter Briefe. – In: *Genese und Geltung.* Hrsg. von Christiane Schildknecht, Dieter Teichert und Temilo van Zantwijk. Mentis Verlag, Paderborn 2008, S. 33–43.

[Dummett73]
Dummett, M.: *Frege.* Philosophy of Language. Duckworth, London 1973.

[Dummett81]
Dummett, M.: *The Interpretation of Frege's Philosophy.* Harvard University Press, London 1981.

[EB98]
Encyclopædia Britannica, 1998, Micropædia, Band 4, Seite 968.

[Eucken86]
Eucken, R.: *Rezension von Gottlob Frege, Die Grundlagen der Arithmetik.* – In: Philosophische Monatshefte 22 (1886). S. 421–422.

[Eucken88]

Eucken, R.: *Die Einheit des Geisteslebens in Bewusstsein und That der Menschheit.* Untersuchungen. Veit, Leipzig 1888.

[FregeBS]

Frege, G.: *Begriffsschrift, eine der arithmetischen nachgebildete Formelsprache des reinen Denkens.* Halle 1879. – In: Gottlob Frege: *Begriffsschrift und andere Aufsätze.* Hrsg. von Ignacio Angelelli. 2. Aufl., Wissenschaftliche Buchgesellschaft, Darmstadt 1973.

[FregeGLA]

Frege, G.: *Die Grundlagen der Arithmetik.* Eine logisch-mathematische Untersuchung über den Begriff der Zahl. Breslau 1884. Hrsg. von Christian Thiel. Meiner Verlag, Hamburg 1986.

[FregeFuB]

Frege, G.: *Funktion und Begriff.* Jena 1891. – In: *Funktion, Begriff, Bedeutung.* Fünf logische Studien. Hrsg. von Günther Patzig. Vandenhoeck & Ruprecht, Göttingen 2008, S. 1–22.

[FregeBuG]

Frege, G.: *Über Begriff und Gegenstand.* Leipzig 1892. – In: *Funktion, Begriff, Bedeutung.* Fünf logische Studien. Hrsg. von Günther Patzig, Vandenhoeck & Ruprecht, Göttingen 2008, S. 47–60.

[FregeSuB]

Frege, G.: *Über Sinn und Bedeutung.* Halle 1892. – In: *Funktion, Begriff, Bedeutung.* Fünf logische Studien. Hrsg. von Günther Patzig. Vandenhoeck & Ruprecht, Göttingen 2008, S. 23–46.

[FregeGGA]

Frege, G.: *Grundgesetze der Arithmetik.* Begriffsschriftlich abgeleitet. 2 Bde. Jena 1893 u. 1903. Nachdruck Olms Verlag, Hildesheim 1998.

[FregeZHS]

Frege, G.: *Über die Zahlen des Herrn H. Schubert.* Jena 1899. – In: *Logische Untersuchungen.* Hrsg. von Günther Patzig. Vandenhoeck & Ruprecht, Göttingen 2003, S. 133–162.

[FregeEG]

Frege, G.: *Über Euklidische Geometrie.* 1899–1906. – In: *Nachgelassene Schriften.* Hrsg. von Hans Hermes, Friedrich Kambartel und Friedrich Kaulbach. Meiner Verlag, Hamburg 1983, S. 182–184.

[FregeWiF]

Frege, G.: *Was ist eine Funktion?* Leipzig 1904. – In: *Funktion, Be-

Bedeutung. Fünf logische Studien. Hrsg. von Günther Patzig. Vandenhoeck & Ruprecht, Göttingen 2008, S. 61–69.

[FregeG]
Frege, G.: *Der Gedanke.* Eine logische Untersuchung. Erfurt 1918. – In: *Logische Untersuchungen.* Hrsg. von Günther Patzig. Vandenhoeck & Ruprecht, Göttingen 2003, S. 35–62.

[FregeWB]
Frege, G.: *Wissenschaftlicher Briefwechsel.* Hrsg. von Gottfried Gabriel, Hans Hermes, Friedrich Kambartel, Christian Thiel und Albert Veraart. (*Nachgelassene Schriften und Wissenschaftlicher Briefwechsel.* Band 2). Meiner Verlag, Hamburg 1976.

[FregeNS]
Frege, G.: *Nachgelassene Schriften.* Hrsg. von Hans Hermes, Friedrich Kambartel und Friedrich Kaulbach. Meiner Verlag, Hamburg 1983.

[FregeLiM]
Frege, G.: *Logik in der Mathematik.* – In: Gottlob Frege: *Nachgelassene Schriften.* Hrsg. von Hans Hermes, Friedrich Kambartel und Friedrich Kaulbach (*Nachgelassene Schriften und Wissenschaftlicher Briefwechsel.* Band 1). 2. Aufl., Meiner Verlag, Hamburg 1983, S. 218–270.

[FregeWBW]
Frege, G.: *Briefe an Ludwig Wittgenstein.* – In: Grazer Philosophische Studien 33/34 (1989). Hrsg. von Allan Janik. Redigierung und Kommentar Christian Paul Berger, S. 5–33.

[FregeT]
Frege, G.: *Tagebuch.* – In: *Gottlob Freges politisches Tagebuch.* Hrsg., eingeleitet und kommentiert von Gottfried Gabriel und Wolfgang Kienzler. Deutsche Zeitschrift für Philosophie, Jg. 42, Nr. 6. Berlin 1994, S. 1057–1098.

[FregeVfW]
Frege, G.: *Vorschläge für ein Wahlgesetz.* Hrsg. und eingeleitet von Uwe Dathe und Wolfgang Kienzler. – In: *Gottlob Frege. Werk und Wirkung.* Hrsg. von Gottfried Gabriel und Uwe Dathe. Mentis Verlag, Paderborn 2000, S. 283–313.

[Gabriel84]
Gabriel, G.: *Fregean Connection: Bedeutung, Value and Truth-Value.* – In: *Frege: Tradition and Influence.* Hrsg. von Crispin Wright. Blackwell, Oxford 1984, S. 188–193.

[GFKoll08]
Gottlob Frege – Leistungen und Wirkungen. Frege-Kolloquium zum Hochschuljubiläum. Hrsg. von Dieter Schott. Wismarer Frege-Reihe, Heft 01/2008, Hochschule Wismar, 2008.

[GFPreis09]
Gottlob Frege – Mathematiker, Logiker und Philosoph. Sonderheft für Frege-Preisträger. Hrsg. von Dieter Schott. Wismarer Frege-Reihe, Heft 01/2009, Hochschule Wismar, 2009.

[GFTag10]
Gottlob Freges politisches Tagebuch und die Hochschule Wismar – die zu kurze Geschichte einer Diskussion. Hrsg. von Achim Trebeß. Wismarer Frege-Reihe, Heft 04/2010, Hochschule Wismar, 2010.

[Hare49]
Hare, R. M.: *Imperative Sentences.* – In: Richard Mervin Hare: *Practical Inferences.* Macmillan, London 1971, S. 1–24.

[Heitsch76]
Heitsch, W.: *Mathematik und Weltanschauung.* Akademie-Verlag, Berlin 1976.

[Hohlfeld33]
Hohlfeld, J.: *Leipziger Geschlechter.* Stammtafeln, Ahnentafeln und Nachfahrentafeln. Zentralstelle für deutsche Personen- und Familiengeschichte 1933–39, Leipzig 1933.

[Hollatz06]
Hollatz, N.: *Wismarer Gesichter.* Ein kleines Kaleidoskop bedeutender Wismarer Persönlichkeiten. Weiland Verlag, Wismar 2006.

[Kienzle06]
Kienzle, B.: *Der Ursprung der modernen Logik und Semantik bei Gottlob Frege.* Wismarer Frege-Reihe, Heft 02/2006, Hochschule Wismar, 2006.

[Kienzle09]
Kienzle, B.: *Frege und die Zahlen.* Wismarer Frege-Reihe, Heft 05/2009, Hochschule Wismar, 2009.

[Kleiminger54]
Kleiminger, R.: *Die Wismarer Schulen bis 1945.* – In: *Festschrift 725 Jahre Wismar.* Hrsg. vom Rat der Stadt Wismar, Wismar 1954.

[Kleiminger91]
Kleiminger, R.: *Die Geschichte der Großen Stadtschule zu Wismar von 1541 bis 1945.* Hrsg. von Joachim Grehn. Verlag Schmidt & Klaunig, Kiel 1991.

[Kreiser97]

Kreiser, L.: *Alfred.* – In: *Frege in Jena.* Beiträge zur Spurensicherung. Hrsg. von Gottfried Gabriel und Wolfgang Kienzler. Verlag Königshausen & Neumann, Würzburg 1997, S. 68–83.

[Kreiser01]

Kreiser, L.: *Gottlob Frege.* Leben – Werk – Zeit. Meiner Verlag, Hamburg 2001.

[Kreiser10]

Kreiser, L.: *Die Freges aus Wismar.* Wismarer Frege-Reihe, Heft 01/2010, Hochschule Wismar, 2010.

[Künne10]

Künne, W.: *Die Philosophische Logik Gottlob Freges.* Ein Kommentar. Klostermann, Frankfurt am Main 2010.

[Kutschera89]

Kutschera, F. von: *Gottlob Frege.* Eine Einführung in sein Werk. Verlag Walter de Gruyter, Berlin u. New York 1989.

[Lämmel04]

Lämmel, U.: *Der moderne Frege.* Wismarer Diskussionspapiere, Heft 01/2004, Hochschule Wismar, 2004.

[Lämmel12]

Lämmel, U., Cleve, J.: *Künstliche Intelligenz.* 4. Aufl., Hanser Verlag, München 2012.

[Mayer96]

Mayer, V.: *Gottlob Frege.* Verlag C. H. Beck, München 1996.

[MUL80]

Meyers Universal Lexikon in vier Bänden. Leipzig 1980.

[MDMV08]

Mitteilungen der Deutschen Mathematiker-Vereinigung, Band 16, Hefte 1–2, Berlin 2008.

[Robinson65]

Robinson, J.A.: *A Machine-Oriented Logic Based on the Resolution Principle.* – In: Journal of the ACM (JACM), Volume 12 (1965), Issue 1. Hrsg. von Richard W. Hamming, S. 23–41.

[Russell05a]

Russell, B.: *On Denoting.* – In: Mind 14 (1905), 479–493.

[Russell05b]

Russell, B.: *Denker des Abendlandes.* Gondrom Verlag, Bindlach 2005.

[Russell07]
Russell, B.: *Einführung in die mathematische Philosophie.* Meiner Verlag, Hamburg 2007.

[Schlote11]
Schlote, K. H., Schneider, M.: *Mathematische Naturphilosophie, Optik und Begriffsschrift.* Zu den Wechselbeziehungen zwischen Mathematik und Physik an der Universität Jena in der Zeit von 1816 bis 1900. Verlag Harry Deutsch, Frankfurt am Main 2011.

[Shwayder76]
Shwayder, D.S.: *On the Determination of Reference by Sense.* – In: *Studien zu Frege.* Hrsg. von Matthias Schirn. Band 3: *Logik und Semantik* (Problemata, Band 44). Stuttgart-Bad Cannstatt 1976, S. 85–95.

[Stepanians01]
Stepanians, M.: *Gottlob Frege zur Einführung.* Junius Verlag, Hamburg 2001.

[Techen29]
Techen, F.: *Geschichte der Seestadt Wismar.* Nachdruck der Ausgabe von 1929. Stock & Stein Verlag, Schwerin 1993.

[Thiel65]
Thiel, C.: *Sinn und Bedeutung in der Logik Gottlob Freges* (Monographien zur philosophischen Forschung, Band 43). Anton Hain Verlag, Meisenheim 1965.

[Thomae98]
Thomae, J.: *Elementare Theorie der analytischen Functionen einer complexen Veränderlichen.* 2. Aufl., Verlag Louis Nebert, Halle 1898.

[Thrams11]
Thrams, H.: *Denkt doch einmal logisch.* Wissenswertes und Nachdenkliches über die Mathematik, über die Logik und über Gottlob Frege. Wismarer Frege-Reihe, Heft 01/2011, Hochschule Wismar, 2011.

[Wanderung06]
Wanderungen zu Ehren von Gottlob Frege. Ein Resümee nach 20 Jahren. Hrsg. von Dieter Schott. Wismarer Frege-Reihe, Heft 03/2006, Hochschule Wismar, 2006.

[Wittgenstein53]
Wittgenstein, L.: *Philosophische Untersuchungen.* – In: ders.: *Tractatus logico-philosophicus. Tagebücher 1914–1916. Philosophische Untersuchungen* (Schriften, Band 1), Frankfurt 1960, S. 279–544.

Autorenangaben

Dr. phil. Uwe Dathe
Historiker
E-Mail: uwedathe@web.de

Gerd Giese
Dipl. Historiker, Dipl. Archivar (FH)
Stadtarchivar der Hansestadt Wismar
E-Mail: ggiese@wismar.de

Nicole Hollatz
Wirtschaftsjuristin (Diplom)
Freie Journalistin, Fotografin und Autorin
E-Mail: journalistenbuero-hollatz@t-online.de
www.journalistenbuero-hollatz.de

Prof. Dr. phil. habil. Bertram Kienzle
Professor für Philosophie
Institut für Philosophie
Universität Rostock
August-Bebel-Str. 28
18055 Rostock
E-Mail: bertram.kienzle@uni-rostock.de

Hans Kreher
Lehrer für Deutsch und Kunst
Bürgermeister von Bad Kleinen
Vizepräsident des Landtages von Mecklenburg-Vorpommern
von 2006 bis 2011
Bad Kleinen
E-Mail: hans-kreher@web.de

Prof. Dr. phil. habil. i. R. Lothar Kreiser
Professor für Logik
Preußenstr. 25
04289 Leipzig
E-Mail: logik.kreiser@googlemail.com

Prof. Dr.-Ing. Uwe Lämmel
Professor für Grundlagen der Informatik / Künstliche Intelligenz
Fakultät für Wirtschaftswissenschaften, Gottlob-Frege-Zentrum
Hochschule Wismar
Philipp-Müller-Str. 14
23966 Wismar
E-Mail: uwe.laemmel@hs-wismar.de

Dr. phil. Sven Schlotter
Wissenschaftlicher Mitarbeiter am Lehrstuhl Logik und
Wissenschaftstheorie
Institut für Philosophie
Friedrich-Schiller-Universität Jena
Zwätzengasse 9
07743 Jena
E-Mail: sven.schlotter@uni-jena.de

Prof. Dr. rer. nat. habil. Dieter Schott
Professor für Mathematik
Fakultät für Ingenieurwissenschaften, Gottlob-Frege-Zentrum
Hochschule Wismar
Philipp-Müller-Str. 14
23966 Wismar
E-Mail: dieter.schott@hs-wismar.de

A. MEISCHNER-METGE (Hg.)

Gustav Theodor Fechner –
Werk und Wirkung

2010 · 204 Seiten · Broschur · 19,00 Euro
ISBN 978-3-86583-028-9

Bestellungen in jeder Buchhandlung oder beim Verlag direkt über
info@univerlag-leipzig.de

LOTHAR KREISER

Logik und Logiker in der DDR

Eine Wissenschaft im Aufbruch

2009 · 479 Seiten · Hardcover · 44,00 Euro
ISBN 978-3-86583-363-1

Bestellungen in jeder Buchhandlung oder beim Verlag direkt über
info@univerlag-leipzig.de